# 事業性評価融資

「最強の貸出増強策」

資金調達コンサルタント
中小企業診断士 中村 中 著

ビジネス教育出版社

## はじめに

　金融機関はマイナス金利・低水準金利の下、融資残高を伸ばさない限り、存続の危機に遭遇すると言われています。今までも、融資残高を伸ばす努力はしてきましたし、平成21年（2009年）の金融円滑化法以降は、返済猶予や条件緩和を取引先に積極的に認め、融資残高の維持に努めてきました。それでも、預金残高に比べて融資残高は少なく、思い切った施策が講じられない限り、銀行としても融資が増加に転じることはないと思っているようです。

　実は、意外に思われるかもしれませんが、「事業性評価融資」こそ、銀行の融資残高を増加させる「思い切った施策」なのです。本論で詳しく述べますが、この事業性評価融資は、従来の融資の審査基準よりもかなり低めの融資基準になっていますので、融資対象の件数は大きく増加し、銀行の対応次第では、融資残高は大きく伸びることになります。しかし、多くの銀行員は、その事実を未だに理解していないようです。

　事業性評価融資は、金融庁としては、ホームページのトップに位置付け、中小企業向けに直接、チラシを作成して広報宣伝に努めています。とは言うものの、「事業性評価融資とは事業の内容と事業の成長の可能性を評価できる融資である」と抽象的に解説していますから、残念ながら、未だに貸出現場の融資担当者はよく理解できていないようです。当然ながら、取引先にも融資担当者は十分な説明ができていません。

　ぜひ、本書によって事業性評価融資の真価を理解していただき、外部との連携を密にして、中小企業への融資を積極的に行っていただき、地域貢献や地域活性化に寄与してもらいたいと思います。

2016年7月

中村　中

# 目次

はじめに

序章　いま、なぜ事業性評価融資なのか ……………………………………… 7

## 第Ⅰ部　中小企業融資取引の課題

### 第1章　融資案件説明時に銀行担当者が発する悪意なき無責任な言動と取引先の困惑

1 ▶ 銀行内部の保守的な空気が融資先へのストレスを増す ……………… 15
2 ▶ 地域金融機関と中小企業における意思決定の相違によるねじれ現象 … 18
3 ▶ 複数金融機関における資金調達や正常返済付与業務の調整の難題 …… 24

### 第2章　中小企業経営者に対する当事者能力強化と情報開示力強化への要請不足

1 ▶ 当事者能力強化の要請不足 ……………………………………………… 32
2 ▶ 情報開示の要請不足 ……………………………………………………… 38
　① 当事者能力の欠如で起こる「情報の非対称性」「逆選択」には
　　「情報開示」の徹底を ……………………………………………… 38
　② 中小企業経営者のコンプライアンス・ガバナンス意識の高揚 … 40
　③ 金融検査マニュアルは金融機関の内部統制のガイドライン …… 43
　④ 一般的な中小企業の情報開示は厳格に ………………………… 45
　⑤ リレーションシップバンキング（地域密着型金融・略称リレバン）
　　施策における情報開示に対する誤解 …………………………… 47
　⑥ 情報開示の文書化の重要性 ……………………………………… 50
3 ▶ 中小企業の顧問税理士との連携強化への要請不足 …………………… 52

# 第3章 地域金融機関の支店担当者が求められる新知識

## 1 ▶ 経営改善計画・再建計画が作成できなかった要因と改善策 ……… 56
① 返済猶予先に正常返済を付与するための経営改善計画 ……… 60
② 「実現可能性の高い抜本的な経営改善計画【実抜計画】」 ……… 65
③ 取引先に対する実抜計画の策定指導は貸出担当者には未だに難題 ……… 67

## 2 ▶ コンサルティングに必要な経営学のフレームワーク的考え方 ……… 69
① 取引先企業のP/Lの検討の第一歩はSWOT分析が一般的 ……… 71
② P/Lの検討はSWOT分析から外部環境分析・内部環境分析へと進める ……… 73
　ア) SWOT分析 ……… 74
　イ) 外部環境分析 ……… 75
　ウ) 内部環境分析 ……… 84

# 第Ⅱ部 事業性評価融資

# 第4章 事業性評価融資とは

## 1 ▶ 融資審査プロセスとの比較 ……… 90
## 2 ▶ 事業性評価融資の審査プロセス ……… 94
## 3 ▶ 事業性評価融資と金融検査マニュアル別冊（中小企業融資編）との比較 ……… 99
① 定性分析（事業性評価）による債務者区分の引上げ ……… 99
② 企業審査の一次評価先への技術力・販売力（営業力）・業種の特殊性などの事業性評価によるランクアップ事例 ……… 102
　ア) 技術力 ……… 102
　イ) 販売力（営業力） ……… 106

ウ）業種における特殊性の事業性評価 ……………………………… 109
　③ 「短期継続融資」「資本的資金充当貸出」「資本性貸出金」などの
　　事業性評価によるランクアップ事例 …………………………………… 114
　④ 「担保・保証チェック」における「流動資産担保」や「コベナンツ」… 122
　　ア）流動資産担保 ………………………………………………………… 124
　　イ）コベナンツ …………………………………………………………… 129
　⑤ エリア審査 ……………………………………………………………… 132
　　ア）エリア審査・リレーションシップバンキングと事業性評価 …… 132
　　イ）事業性評価融資はリレーションシップバンキングの最重要な
　　　 アクション・行動になる …………………………………………… 133
　　ウ）事業性評価における地域貢献・活性化への寄与部分はエリア
　　　 審査と重なる ………………………………………………………… 134
　　エ）地域金融機関としての社会的な責任（地域貢献）……………… 136
　　オ）地域金融機関の地域特殊性への理解（暖冬とスキー場の降雪
　　　 機の故障）…………………………………………………………… 139

# 第5章　事業性評価融資の進め方

## 1 ▶ 事業性評価融資には外部専門家との連携が必要 ……………… 143
　① 　監督指針の最適なソリューションの難易度 ……………………… 143
　② 　「事業性評価融資」も営業店・支店の貸出担当者には外部連携が
　　　必要か ………………………………………………………………… 149
　③ 　「事業性評価融資」の効果的な進め方 …………………………… 150
## 2 ▶ 事業性評価の内容・事業内容の把握 …………………………… 154
## 3 ▶ 成長可能性への経営課題抽出のための情報の集め方と分析 … 157
## 4 ▶ 取引先の課題の抽出と資金ニーズ ……………………………… 162
## 5 ▶ 事業性評価を反映した融資可否判断 …………………………… 167

# 第6章　事業性評価融資と外部連携

1 ▶ 地域企業応援パッケージ……………………………………………………176
　① 中小・地域金融機関向けの総合的な監督指針の基本的な考え方…176
　② 地域企業応援パッケージの概要………………………………………178
2 ▶ 金融機関の外部連携は中小企業に寄り添う税理士などの専門家が
　　ポイントに……………………………………………………………………183
3 ▶ 中小企業に対する税理士の位置付けと支援業務………………………184
　① 中小企業の税理士（会計専門家）への依存度…………………………184
　② 税理士における中小企業支援のインセンティブ……………………184
　③ 税理士業務の変化と中小企業支援業務………………………………189
4 ▶ 事業性評価融資で連携できる税理士の選び方…………………………193
　① 税理士における中小企業支援業務に対する姿勢のバラツキ………193
　② 金融機関が必要とする中小企業支援業務に関する情報開示資料…195
　③ 金融機関が求める情報開示資料の作成支援ができる税理士の
　　選考……………………………………………………………………………197
　④ 税理士との会話の中で、中小企業支援意欲やスキル・知識を見
　　極める方法……………………………………………………………………199
　　　ア）業歴の長い税理士に対する会話例……………………………201
　　　イ）業歴の浅い税理士に対する会話例……………………………205
　　　ウ）金融業務や金融行政に興味を持っている税理士に対する
　　　　会話例…………………………………………………………………207
　⑤ 事業性評価融資における「ローカルベンチマーク」と税理士などの
　　選び方…………………………………………………………………………214
　⑥ ローカルベンチマークによる金融機関の立場を理解できる
　　税理士の選定…………………………………………………………………220

# 第7章 フィンテックや不動産業者提携住宅ローンに学ぶ中小企業融資の活性化

## 1 ▶ 住宅ローン手続の効率化 ······ 224
① かつての一般的な住宅ローンの実態 ······ 225
② 不動産業者提携住宅ローンの拡販による事務処理時間効率化と顧客ストレスの解消 ······ 226
③ 不動産業者提携住宅ローンによる不動産業者のメリットと銀行の顧客のストレスの解消 ······ 228
④ 銀行のコア業務である貸出審査を不動産業者に委ねられるか ······ 231

## 2 ▶ 中小企業融資は不動産業者提携住宅ローンにおける「三方よし」の方式を学べないか ······ 233
① 最近の中小企業融資の実態 ······ 233
② 稟議書作成時の資料提供と情報収集 ······ 234
③ 税理士などが中小企業支援として金融機関への提出書類を作成することのメリット ······ 235

## 3 ▶ 税理士等に提出を要請する情報開示資料のポイント ······ 237
① 税理士等提携中小企業融資と不動産業者提携住宅ローンとの比較 ······ 237
② 金融機関の稟議書の添付資料になる税理士等の情報開示資料 ······ 239

**巻末資料** 「中小企業等経営強化法」の概要 ······ 245

おわりに

# 序章　いま、なぜ事業性評価融資なのか

　地域金融機関の貸出金利は徐々に低下し、日銀はいよいよマイナス金利施策を打ち出しました。預金金利は、マイナス金利の適用が難しく、下方硬直性の金利でこれ以上下げられません。利ざやはどんどん縮小し、地域金融機関の収益源である資金収益は先細りになっています。

　個々の金融機関としては不良債権問題の解決のために営業経費を削減し、もうこれ以上圧縮できない状況にあります。さらに営業経費の削減を目指すならば、ほとんどの地域金融機関は収益体質の強い金融機関に統合される運命にあると思います。統合こそ、究極の営業経費の削減になるからです。

　2003年3月の「リレーションシップバンキングの機能強化に向けて」の報告を誤解した地域金融機関は、いよいよ座して死を待つ心境になっているのかもしれません。このリレーションシップバンキング（以後、「リレバン」といいます）施策を、中小企業に対する「コンサルティング」手法であり、「心の通うお付き合い」というキャッチフレーズばかりを念頭に置いて、中小企業に対して柔軟・寛大な対応に没頭した金融機関の結末が近付いているのかもしれません。

　もともと「リレーションシップバンキングの機能強化に向けて」とは、小泉純一郎元首相と竹中平蔵元金融担当大臣が旗振り役になった「金融再生プログラム」の不良債権解消施策と表裏一体施策であったことから、金融機関の「資産査定の厳格化」「自己資本の充実」「ガバナンスの強化」の3本柱が中心のものであり、地域金融機関に対して

も、同様な要請を行政としては求めていたのです。

　しかし、地域金融機関では、中小企業に対していつまでも成り行き任せの解決先送り施策を続け、「未だに地域金融機関の不良債権問題は解決していないし、リレーションシップバンキングの施策についても徹底していない」という批判をマスコミなどから受けている状況です。

　その間、デフレ状況の低金利政策が続き、資金利ざやは毎年毎年その利幅を縮小させていますし、貸出の審査も地域の特性を反映した柔軟な基準を採用しないまま、昔の方式を続け、貸出先もその残高も減少させています。

　金融庁は、2005年には、リレーションシップバンキングを地域密着型金融と名前を変え、2007年には、「中小・地域金融機関の総合的な監督指針」の中に組み込み、リレバンの本質である「コンサルティングと不良債権処理の両面作戦」を行っていました。しかし、リーマンショックが発生し、2009年の金融円滑化法で、中小企業には極端な柔軟路線が実施され、未だに地域金融機関は中小企業への発言力は弱いままで、ほとんどの地域金融機関は、とても「資産査定の厳格化」「自己資本の充実」「ガバナンスの強化」という金融機関の再生の条件である3本柱とは程遠い状況にあります。

　そこで、金融庁は、2015年1月には「短期継続融資」、同年9月には「事業性評価融資」という概念を公表し、地域金融機関の貸出残高の増加策を打ち出しました。そして、内閣府は「まち・ひと・しごと創生本部」によって、中小企業支援ネットワークに続き「地域企業応援パッケージ」施策で、地域金融機関と地元機関の連携で背中を押していますが、実際、多くの金融機関はこれらの施策を行政による支援策と解釈せず、他行の動向を見守りながら、引き続き様子見を続けているように見えます。

しかし、事業性評価融資については、現状の金融機関の融資制度の具体的な改善策でもあります。この融資の対応で、地域金融機関が蘇るか、地域活性化が実現するのか、はたまた地域金融機関がどんどん統廃合され、地域の衰退が急速に進むかが決まる分水嶺（分かれ道）のように思われます。

　私個人としては、戦後の地域金融機関を変えることになった金融庁の3つの施策の一つが、この事業性評価融資であると思っています。1999年の金融検査マニュアルの公表と、2009年の中小企業金融円滑化法の施行、そして、本年2016年の事業性評価融資のスタートこそ、大きな転換点であると信じています。

　金融検査マニュアルが誕生し「コロガシ貸出」「経常単名貸出」「当座貸越」などという「ある時払いの催促なしの融資」が実質的に姿を消す前には、金融機関貸出担当者は取引先を訪問し、工場見学を行ったり、本社や支店、倉庫の在庫のチェックをしていました。ドラマ「半沢直樹」の半沢課長や、ドラマ「花咲舞が黙ってない」の相馬元課長が企業訪問した場面は、その工場見学や在庫チェックの光景でした。すなわち、金融機関の貸出現場である支店・営業店の担当者は、常に企業訪問を行いながら担当先企業の実態を把握していましたから、「コロガシ貸出」などの「ある時払いの催促なしの融資」の支援を行ったとしても、与信管理は十分にできていたということです。

　しかし、1999年以降は、不良債権問題で傷んだ金融機関の貸出資産の改善を図るために、与信管理の厳格化が図られ、中小企業にとっては堅苦しい時代が到来し、2009年には40万社もの企業が返済猶予などの融資条件の緩和の時代に変わってしまいました。しかし、この返済猶予などの融資資産は金融機関の新規融資の推進には足かせになっていました。そこで、2015年から16年には、現状のままでも、

融資が積極的に推進できるガイドラインを金融庁が提案するようになったのです。短期継続融資制度の導入に始まり、金融行政方針や地域企業応援パッケージが公表され、ついには、事業性評価融資がスタートすることになったのです。

さて、ここで少し見方を変えて、融資の付加価値について見直すことにしましょう。実は、この事業性評価融資とは、融資先の企業の成長原資であり、社会的効用を増大する機能のことであって、社会的価値の増大をもたらすものなのです。本来のあるべき融資判断は「貸すことができるか」だけではなくて、「貸すことで、社会的価値を生み出せるのか」ということが判断の中心になるのです。社会的効用や社会的価値が大きくなれば、従来の「貸すことができるか」という個別企業自体に対する審査判断よりも、地域全体でその企業を支えることができるかという地域支援度の判断になり、与信判断面ではリスクが長期的には低下しますので、より安全な融資になるのです。それが、「事業性評価融資」に込められた真の目的であるとも言えるのです。

一方、事業性評価融資とは、最近の審査の主流になっているスコアリングシート評点を重視する融資ではなく、従来の与信実績範囲内のつなぎ融資や固定資産の担保範囲内のひも付き融資という保守的な見方の融資でもありません。この融資は、過去の実績をスコアに落とし込んで、その評価を可視化できる状態にする融資でもありません。

この事業性評価融資とは、事業の内容や将来の成長を類推する融資であり、返済期日にその内容や成長可能性が見えるならばさらに期日を延長する融資なのです。金融機関が占有したり登記で権利を保全する担保付きの融資ではなく、融資先の取引先に占有を任せながらも流動資産や企業のコンプライアンスを資金回収の拠り所にするような融資のことをいうのです。その上、地元の各機関の評価や地域貢献の実

績や意欲などで審査を行うようないわゆる「エリア審査」「リレバン審査」の融資で、社会的効用や社会的価値が大きいものです。

　このように、事業性評価融資は、事業内容や成長可能性が見えるならば、従来の融資の範囲を大きく拡大することができる融資のことです。事業性評価融資は、金融庁が力説してきたリレバン施策や中小企業金融円滑化法のアクションプランに該当し、短期継続融資にも、従来の「コロガシ貸出」などの「ある時払いの催促なしの融資」にも通じるものです。具体的には、取引先に対する技術力や販売力などの将来成長力や、経営者の資質や外部支援度やキャッシュフロー余力などの潜在力を、金融機関や連携を組んだ税理士などの専門家による情報、また取引先自身の情報開示資料で証明されるならば実行できる融資というものです。

　金融機関は、不良債権の回収に伴い大リストラを行い、貸出メンバーや融資拠点も大きく圧縮された上に、システム化・国際化の進捗によって取引先数は大幅に増加し、その取扱商品も証券・保険・年金などと拡大しています。今や、金融機関の貸出現場の取引担当者は、ルーティンワークとして処理しなければならないことが多くなり過ぎて、それぞれの取引先への訪問すらできず、ストレスをためています。しかも、中小企業の借入取引については、複数行取引が常態化し、各金融機関の利害が衝突して、その調整もなかなか上手くいかないようです。こういう時こそ、中小企業に寄り添い信頼も厚い税理士などの専門家と、地域金融機関は連携を組む必要があります。また、地域に根を張ったさまざまな機関とも連携を組む必要があります。

　従来の金融機関は地域密着型金融といいながら、地元の種々の機関とは有機的な連携を組んで情報交換を行っていたり、情報開示を受けていたとは言えません。事業性評価融資は、金融機関が税理士などの

専門家や地元の機関との有機的な連携を通して、企業自体の事業や地域における事業の効果、その事業の成長性を把握するものです。この連携ができない限り、真の事業性評価はできず、この評価に基づく融資もできません。

　真に事業性評価融資を行うことこそ、従来の地域金融機関の融資残高の増加に貢献して、長年の金融庁のリレバン施策・地域密着型施策や、「まち・ひと・しごと創生本部」の「地域企業応援パッケージ」施策の達成にも貢献するものと思われます。

# 第Ⅰ部

## 中小企業融資取引の課題

# 第1章 融資案件説明時に銀行担当者が発する悪意なき無責任な言動と取引先の困惑

　最近の金融機関の融資担当者は、中小企業経営者から一目置かれる目利き担当者はほとんどいなくなっているようです。そのため、銀行員は物知りで何でも相談に乗ってくれる人というイメージはなくなってしまっているようです。逆に、高い視聴率を維持してきたドラマ「半沢直樹」「花咲舞が黙ってない」「下町ロケット」や「空飛ぶタイヤ」などでは、銀行員は庶民の敵として描かれています。銀行員の何気ない言葉使いに棘があり、取引先はショックを受けることがあります。「雨が降ったら傘を取り上げ、晴れたら貸す」「貸してくれる傘は日傘のみ」「倍返しの対象は銀行員」という批判も世間ではよく耳にします。

　しかし、銀行員の立場としては、これらの批判はすべてやむを得ぬ事情があり、世間のアゲンストの空気には、やるせない思いがあって、一般の人にも理解してもらいたいとも感じています。銀行員は大きな組織の一員であり、行内における拘束や他行とのシガラミの中におり、また、中小企業経営者や個人事業主の取引先では知らなくとも批判を受けないような「法律や経営学・経済学のスキルや知識」も身につけていなければなりません。融資担当者の勉強量はかなりの分量になっています。

　そこで、中小企業や個人の取引先は今までならば、銀行員に対して権威を感じ尊敬を払ってくれました。あえて自分たちの立場や行動原理、また勉強量を取引先に説明する必要もありませんでした。「言わずもがな」で、取引先は銀行員を地元の知識人として扱ってくれてい

ました。

　しかし、現在は、銀行員はすでに「言わずもがな」の存在ではありませんので、中小企業経営者や個人事業主の取引先には十分な説明が必要になっているのです。

## 1 ▶ 銀行内部の保守的な空気が融資先へのストレスを増す

　以下は、貸出現場における会話です。

中小企業経営者：毎年、お借りしている夏場の仕入資金を3,000万円貸していただけませんか。ここに当社の3月末の確定申告書の写しがあります。今年の決算は赤字ですが、来年は黒字になります。
銀行担当者：それは困りましたね。赤字先に対しては、原則、担保がないと本部の承認が下りなくなったもので……。
経営者：一昨年も赤字でしたが、その時は、例年通りの金額で貸してくださいましたが？
銀行担当者：実は、3か月前に本部の審査部から異動してきた副支店長は、赤字先に対して原則担保を取ることを徹底しているのです。
経営者：そんなこと言っても、金融庁は担保・保証に過度に依存しない融資をするように言っていますよね。
銀行担当者：しかし、私も入社3年目対象の貸付け研修に参加しましたが、同様に赤字先に対しては、特に、与信管理を厳格に行うように指導されました。副支店長は本部審査部の副審査役でしたから、支店長も課長も本部の事情に詳しい副支店長の言う通りなのですよね。当店は、副支店長の厳格な審査方針で、保守的な空気が流れています。

経営者：しかし、私の会社は赤字であっても資金繰りが苦しいわけではありませんので、従来通りの条件で融資をしていただけないのですか。事業性評価融資は赤字先でも貸し出せると言っていますよね。お願いします。

銀行担当者：そうですね。それでは、御社自身が作成した最近の事業の内容と、その事業の将来の成長可能性を書いた書類を提出してください。現実問題として、私自身が起案した稟議書では、上司の課長や副支店長の了解を取ることは難しいような気がしますので。私自身としては、御社の頑張りや社長の情熱はよく理解しているつもりですが、何と言っても、私は融資ラインの中で最も経験や知識が少ないものですから、よろしくお願いしたいのですが。ただし、当行からは融資支援ができないこともありますので、他の金融機関にも融資の打診をしておいてください。

経営者：おっしゃることはよくわかりましたが、その副支店長さんは融資の意思決定者ではないのですよね。私ども中小企業としては、意思決定は社長の仕事です。大企業のように意思決定に空気などというものはありません。取引先やその周辺環境などを真正面から判断して意思決定するのですが……。本来ならば、私が副支店長か、支店長にお会いしたいところですが、今回は私どもで、あなたがおっしゃられた書類を作成しますので、早く融資の可否の結論を出してくださいね。

銀行担当者：わかりました……。

#### 解説

金融機関は、安倍内閣や金融庁が主張する貸出条件緩和のガイドラインや施策を、前向きに受け入れようと努力をしているようですが、

なかなか各支店の貸出現場にまでは、その趣旨と柔軟な融資姿勢の方針までは徹底できていないようです。これにはいくつもの原因がありますが、金融機関担当者としては、「貸した金は期日には絶対に返してもらわなければ、上司や本部に面目が立たない」という入社当時から叩きこまれた融資の慣習（空気）があるからだと思います。自分としては、ガイドラインの文面どおり、貸出条件緩和策を採用したくとも、直属上司やその上の上司（中間管理職）の立場をおもんぱかると厳しめな対応をしてしまいます。上記の会話の副支店長は、このような考え方の持ち主のようです。

　また、その部下の貸付課長や担当者も上司への気遣いがあって、金融庁のガイドラインで言うような借手企業の潜在的な力や将来の可能性を評価することは難しいようです。担当者の上司や本部メンバーが、保守的な考え方や慣習（空気）を持っている人ならば、その職場は「保守的な空気」で充満してしまうと思います。貸出現場の担当者が、実態把握をして定性的な要因で審査の柔軟化や寛大化を主張しようとしても、直接には企業や事業に接しない上司や本部メンバーは、有言・無言はともかくとして、職位（ポスト）的な圧力で「保守的な空気」をその担当者に押しつけてしまうものと思われます。

　しかも、金融機関が融資の実行や条件変更の意思決定をする時は、稟議書・査定書を本部などに回付しますが、この申請書はその「保守的な空気」を反映したものになってしまう傾向にあります。

　金融機関の融資ラインでは、最も経験やスキル・知識の少ない若手などが取引先の担当者になるので、その稟議書や査定書の第1番目の作成者になります。この若手担当者は、まだまだ借手企業の実情や潜在力・将来性は、十分には把握できず、多くの場合は、自分の上司や本部メンバーはどのように書けば稟議書や査定書を通過させてくれる

かということを考えてしまうものです。すなわち、上司や本部メンバーの醸し出す職場や融資ラインの空気を読んで、担当先の稟議書や査定書を作成するようになってしまう傾向があります。組織である以上、中央集権的な圧力とポスト主義的な序列が常にありますので、下位のポストの担当者は保守的になってしまいます。

　その上に、金融機関はバブル崩壊後に自らの銀行の経費節減のために大幅な人材リストラを行い、融資担当者の数もぎりぎりまで絞り込んでいます。担当者が上司と一緒に融資先を訪問し、その上司が現場で企業の実態把握のスキルを教えるOJT教育は、ほとんどできなくなっています。

　かつて金融機関は繁忙日定員という考え方で人材を配置していました。月末や5日・10日の繁忙日に合わせて定員を考えていました。しかし、現在は平常日定員となり、忙しくない日に定員を決めていますので、上司が部下に職場で仕事を教えるというユトリがなくなってしまいました。幸いにして、そのような職場内教育を受けるチャンスが持てた担当者がいたとしても、金融機関には2～3年に一度は転勤があり、そのOJT教育の効果はなかなか貸出の現場には定着しません。実際、現在の貸出担当者は融資先企業の潜在力・成長力などの定性要因分析力や実態把握力、すなわち「目利き力」は十分とは言えないと思います。経験が浅い担当者では、職場の「保守的な空気」を変えることはやはり難しいと思われます。

## 2 ▶ 地域金融機関と中小企業における意思決定の相違によるねじれ現象

中小企業経営者：毎年、お借りしている夏場の仕入資金を3,000万円
　　貸していただけませんか。ここに3月末の確定申告書の写しがあり

ます。今年は赤字ですが、来年は黒字になります。

銀行担当者：それは困りましたね。赤字先に対しては、なかなか上司や本部審査部の了解が得られないと思いますので……。

経営者：一昨年も赤字でしたが、その時は例年通りの金額で貸してくださいましたが？

銀行担当者：最近、赤字になった別の会社で、同様の夏場の仕入資金に関する稟議を出したのですが、本部からは、担保を付けることで承認になりました。その承認までの間、本部の副審査役と何回も議論をしたり、関連資料の提出をしましたが、この交渉はかなりハードなものでした。本部審査部は、赤字先に対しては担保を取ることを徹底しているようです。

経営者：貴行の事情はわかります。支店では課長や支店長など、本部では副審査役や審査役・次長を経由して審査部長の承認を取るものと思いますが、そのことは、融資を実行するかしないかの意思決定までの途中経過に過ぎないと思いますが……。確か、金融庁は担保・保証に過度に依存しない融資をするように言っていますよね。

銀行担当者：その通りですが、御社でも、取引先への与信判断については、稟議で決定しているのではないのですか……。

経営者：当社には、銀行さんのような稟議制度はありません。部下は、直接、私や専務に相談して与信の決定をしていますし、毎週一回の会議で即断即決しています。したがって、私ども中小企業の経営者にとっては、皆様がよくお話になるような、「今、稟議書は支店長が読んでいます。」とか、「本部と融資金額について交渉中です。」とか、「担保を入れなければ、本部はどうしても承認してくれません。」などという時間をかけた検討は、よく理解できないのです。

銀行担当者：しかし、銀行は大切なお客様のご預金で貸出をしていま

すので、慎重に対応しなければなりませんので……。

経営者：その点はよくわかっているつもりですので、お気を悪くしないでください。とは言っても、私どもとしては、銀行内部の途中経過のご報告よりも、銀行さんは当社に貸してくれるのかダメなのか、貸出してくれるならば担保や条件は何なのか、ということを早く知りたいのです。〇〇さん（担当者）が頑張ってくださっているのは有り難いことですが、早く融資の可否の結論を出してくださることを待っているのです。もし貴行がノーならば、他の金融機関にお願いに行かなければなりませんので。

銀行担当者：その点はわかりましたので、早く結論を出すようにしたいと思います。では、早急に、「資金繰り表」と「2～3年の経営改善計画書」また「借入一覧表」を提出してください。先ほどの赤字になった会社の場合は、上司の指示でそのような書類をお願いしましたので、御社には前もってお願いしたいと思います。ただし、当行からは融資支援ができないことも考えられますので、他の金融機関にもご融資の相談をしておいてください。

経営者：おっしゃることはわかりましたが、やはり最近の銀行さんは変わりましたね。昔ならば、融資担当者は、本部審査部よりも支店長の方が決定権限を持っているような話しぶりでした。本部に相談するということではなく、支店長や上司と相談するという応対でした。支店長も、自分の意見が通らない場合は、本部に出かけて行って、支店の意見を通したということをよく聞きました。

銀行担当者：そのようなことは初めてお聞きしました。私どもは転勤をしていますが、お客様はずっとこの支店とお取引をされていますので、歴史については今後ともいろいろな情報を教えてください。

# 第1章 融資案件説明時に銀行担当者が発する悪意なき無責任な言動と取引先の困惑

**解説**

　中小企業の経営者は、常に意思決定は即断即決であり、その決定プロセスは透明性があります。また、自社の決定は、ワンマン社長ではなくとも、社内の皆の意見に左右されることはありません。社内の空気に従うこともほとんどありません。

　しかし、金融機関は大組織であり、融資の実行や条件変更の意思決定者は、貸出現場にはいない本部・審査部の部長などです。その部長などには、口頭ではなく、稟議書や査定書などの申請書が回されて、書面で意思決定を受けます。その意思決定は、即断即決とは言えず、途中の稟議回覧者の思考過程の透明性もありません。また、意思決定については、自行ばかりではなく、他行の動きによっても左右されることがあります。中小企業の大半は、貸出を複数の金融機関から受けていることで、常に他行の動向によっても動かされてしまいます。

　このことは、小さな組織と大きな組織の意思決定の違いや、単独行取引と複数行取引の違いによって生じますが、中小企業の役職員と大組織のメンバーは、ともに相手の組織の内情がわからないために、上記のような「ねじれ現象」が生じ、ストレスがたまります。

　金融機関の融資担当者は、中小企業の役職員の窓口者ですから、経営者などの立場や考え方を理解する一方、金融機関の組織や意思決定の仕組みなどを経営者に理解してもらい、相互にわかり合うことが大切です。

　ちなみに、典型的な金融機関の組織図は以下のとおりです。

▼銀行・信用金庫・信用組合の組織のイメージと貸出案件の決定フロー

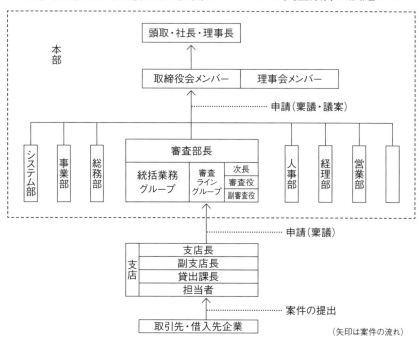

（矢印は案件の流れ）

　中小企業経営者が、借入れの申込みや借入条件の緩和などの要請をするために金融機関の支店に出かけた場合、その借入れに関する決定権限は支店にあるのか、本部・審査部にあるのかを見極める必要があります。貸出現場の担当者は、一見、決定権限者に見られますが、その権限は持っておらず、多くの場合決定権限のある本部の意向を配慮しなければなりません。また、意思決定は、支店においては貸出課長・副支店長・支店長の了解を得てから、本部・審査部の副審査役・審査役・次長の了解を得て、審査部長の承認を得なければなりません。

　この各段階を経由して、意思決定を受けることになりますが、その稟議書の作成は支店の担当者が行い、回付の順番は徐々にスキルが高

融資案件説明時に銀行担当者が発する悪意なき無責任な言動と取引先の困惑　第1章

く経験豊かなベテラン融資マンに向かって流れ、それぞれのメンバーの了解を得ることになります。

　ただし、そのベテラン融資マンは融資に関する実力はありますが、その稟議書に書かれた事業内容・企業実態は書類の文章からしか情報はありません。しかし、この文書を読み込んで、決定を下します。もし、支店担当者の作成した稟議書が不備であったり、誤った情報を記載していたならば、債務者企業の現場実態を知らない本部メンバーは的確な意思決定ができないかもしれません。

　また、担当者から審査部長までのラインは、本件のような案件の場合、原則、各担当者は自分自身が決定するまで各1日かけて稟議書を検討しますから、少なくともその承認が出るまでは8日以上はかかります。中小企業経営者のようには、即断即決にはなりません。さらに、各8人の考え方は、中小企業と接する支店担当者には細かく知らされません。一般的には、その意思決定の詳細は透明性があるとはいえません。このようなことが、即断即決で透明性のある意思決定を日頃行っている中小企業の経営者には納得がいかず、ストレスの原因になるものと思われます。

　このねじれ現象を、中小企業の経営者などに理解してもらうことが、支店担当者やその上司の役割ですが、実際はこのことはなかなか上手く伝わらないようです。

　そのために、金融機関としては、支店長に裁量枠という「一定の貸出金額や限られた期間」の決定権限を持たせて、即断即決と透明性を与える工夫をしています。とは言うものの、その貸出金額や期間などを超える案件が多くなったことから、やはり、中小企業の経営者のストレスは解消しないようです。

　特に、金融円滑化法による返済猶予先に正常返済を付けることにつ

いては、支店には決定権限がありませんので、中小企業の経営者は銀行の貸出担当者との会話で、ストレスをためる一方です。支店の担当者は、返済猶予先に正常返済を付けるためには、返済金額決定プロセスのすべての行程に決定権限がないために、経営者に自信を持って納得のいく説明を行うことができず、その経営者にとっては、靴の上から足を掻く心境になっているようです。また、支店の担当者も、同様にストレスをためています。具体的には、経営改善計画の内容、数値の吟味、将来の収益予想の納得性、キャッシュフローの決定プロセス、返済財源の妥当性、協融金融機関ごとの返済額の割振りなど、支店には決定権がありません。

このようなねじれ現象に対しては、中小企業経営者も金融機関担当者と長い時間を掛けながら、何とか着地点を見つけているようですが、この業務は決して円滑に進んでいるとは言えません。

## 3 ▶ 複数金融機関における資金調達や正常返済付与業務の調整の難題

**中小企業経営者**：毎年、お借りしている夏場の仕入資金を3,000万円貸していただけませんか。ここに3月末の確定申告書と決算報告書の写しがあります。今年は赤字ですが、来年は黒字になります。

**銀行担当者**：それは困りましたね。赤字先に対しては、原則、担保がないと承認が下りなくなったもので……。

**経営者**：一昨年も赤字でしたが、その時は、例年通りの金額で貸してくださいましたが？

**銀行担当者**：実は、当時は当行が圧倒的主力先であったからお貸しできたものと思います。その後、御社は数行の金融機関と取引を始め、当行の借入シェアは大きく低下していますね。

経営者：そうですね。御行に借入れの申し込みに来ますと、「担保を追加してください。」とか「貸出金利を上げてください。」「借入金額を減額してください。」などと言われ、その都度、新規の借入れを他の金融機関にお願いしてきたことがこんなに金融機関の数が増加してしまった理由です。金融庁は、担保・保証に過度に依存しない融資をするように言っていましたが、現実は、そうでもなかったということですね。

銀行担当者：しかし、私どもは、シェアは落ちたとはいえメイン銀行ですので、情報はタイムリーに入れるように、お願いしますね。

経営者：しかし、今回の借入れの申込みも、担保なしでは受けてもらえないということですか。私の会社は赤字でも資金繰りが苦しいわけではありませんので、従来通りの信用扱いで融資をしていただけないのですか？

銀行担当者：そうですね。それでは、御社自身が作成した最近の事業の内容と、その事業の将来の成長可能性を書いた書類を提出してください。それから、「資金繰り表」と「2～3年の経営改善計画書」また「借入一覧表」を提出してください。特に、借入一覧表には、すべての金融機関の担保明細と毎月の返済金額と適用金利も教えてください。

経営者：提出資料については、直ちに用意するようにしますが、なぜ御行の当社に対する与信管理が急に厳しくなったのですか。

銀行担当者：その理由は御社が当行の圧倒的メイン先から、複数行取引先に変わってしまったことからです。業績が悪化した場合は、協調融資をしている金融機関のうち、ある一つの金融機関が融資回収方針を取った場合、資金繰りが窮迫することがあるからです。赤字になったということは、どの金融機関の支援が打ち切りになるか、

メイン行としては注意しなければならないのです。そこで、夏場の仕入資金の3,000万円の融資の審査資料に加えて、他行さんの御社への支援状況を把握しなければならないのです。

経営者：なるほど、提出書類の根拠はよくわかりました。しかし、他行さんの支援姿勢については、どのように判断するのですか。御行以外の他行さんは、すべて担保は取らずに、信用扱いの貸出になっていますよ。もし、御行だけに新たに担保を入れたならば、他の協調融資をしている金融機関も担保を求めることになるのではないでしょうか。

銀行担当者：その通りですね。とは言うものの、当行としても、担保を入れなければ本部・審査部からの承認は取り付けられないとも思いますが、一方、もし当行のみが担保を取ることになれば、別の金融機関からも、担保差入れの要求があるかもしれませんね。担保差入れを拒んだ場合は、他の金融機関から返済を迫られることも考えられますね。この点を踏まえて、支店サイドとしても本部と交渉したいと思います。なお、メイン行として情報を持っておきたいことがあります。それは、御社には、営業活動に貢献しないような資産は、他にあるかということです。この資産を必ずしも担保に入れてもらうということではないのですが、メイン行としては知っておきたいことですので。

経営者：私や家族の個人資産の中には、そのような資産はありますが、資産価値は大きなものではありません。何とか、御行の本部・審査部にお願いして、信用扱いで今回の夏場の仕入資金の3,000万円を融資してもらえませんか。

銀行担当者：確かに、御社の今後の安定した資金調達には、当行からの信用扱いの借入れが望ましいことはわかりますので努力はします

が、やはりこれからの審査部との交渉はかなりのハードネゴになるものと思います。信用扱いの貸出が受け付けられないことも考えられますので、そのような場合を想定すれば、信用保証協会の保証申請を同時に進めておいていただけませんか。信用保証協会の保証付きならば、どこの金融機関も支援はやりやすいものですから。

経営者：そうですか。複数行取引については、私どもが想像できないような大きな問題があるのですね。新規の資金調達時には、複数行取引に対して、それほど大きなプレッシャーにはなりませんが、業績不振で返済財源が落ち込み、借入れを経営改善計画から生み出されるキャッシュフローで返済するということになり、借入れのリスケ化・長期化を図る場合は、この返済調整は各金融機関の思惑が錯綜して、難しいことになってしまうということですね。

銀行担当者：その通りです。そのためには、来期は必ず黒字を目指してくださいね。業績が悪くならないならば、このような心配は杞憂になるものと思います。その他に、もう一つご注意したいことがあります。今期は、複数行取引の各金融機関に対しては、良き関係を保ってください。そして、各金融機関に対しては、決められた返済金額を超える返済は行わないようにしてください。業績が悪化している状況で、一つの金融機関への返済を増加させたり、担保の増額を行うことは、金融機関の支援の足並みを乱すことにもなりますから、ご注意してください。

経営者：ご指摘の点は十分注意していきたいと思います。また、仕入資金3,000万円の件につきましても、よろしくお願いいたします。

### 解説

　仮に、ある中小企業が100百万円の工場を建設することになったとします。Ａ銀行に申込みに行ったところ「当行は、支店長の与信枠の上限で50百万円までならば支援できますが、残りは他の銀行でお願いします。」と言われました。Ｂ信用金庫に行きましたら「支店長の与信枠の関係で、30百万円までにお願いします。」と告げられ、Ｃ信用組合に申込みに行きましたら、やはり、「支店長の与信枠としては20百万円が上限」と言われました。ただし、返済期間はばらばらになっていますし、担保設定状況も統一していません。金利も高低に差があります。

　その後、リーマンショックで大きな業績の低迷がありましたので、金融円滑化法のおかげで返済猶予を受けました。いよいよ正常返済を始めようと思いましたら、Ａ銀行・Ｂ信用金庫・Ｃ信用組合で返済調整ができず、未だに正常返済ができないまま、返済猶予を続けています。今般、工場の新設ラインを作りたいと思い、3行に申込みに行きましたが、返済猶予中ということで、どこも新規融資は受け付けることができないと言われました。

　従来、日本の中小企業の借入れは複数金融機関から多面調達をしており、新規借入れの交渉に手間はかかりますが、何とか借入希望金額まで調達することができましたから、不都合を感じませんでした。しかし、この金融円滑化法が失効してしまうと、新しい問題が生じました。いざ返済を始めようとした場合は、各金融機関間で返済金額の調整ができず、各行の債務者区分が定まらず、新規の借入れが自由にできない状態になったということです。

　この中小企業の場合も、毎年1,000万円の返済をしたいと金融機関に伝えましたが、各金融機関の間で、当社の作成した経営改善計画も

キャッシュフローについても合意が取れませんでした。そこで、各行の毎年の返済金額も固まりませんでした。そのために、どこの金融機関にも返済することができず、返済猶予が続いています。各行の債務者区分も低位のままになっています。したがって新規の工場建設資金の借入れなどはできません。

　さて、この複数金融機関と中小企業の借入取引をマクロ的に見ますと以下のとおりになります。日本の中小企業の約80%は、複数の金融機関から借入れを受けています。米国は、約80%が単独行取引です。やや古いのですが、以下の中小企業白書のグラフを見てください。現在も、この状況は変わっていません。

▼日本の取引銀行数（従業員規模別）

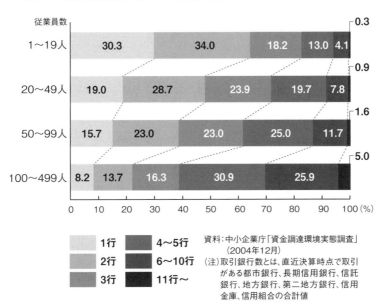

資料：中小企業庁「資金調達環境実態調査」（2004年12月）
（注）取引銀行数とは、直近決算時点で取引がある都市銀行、長期信用銀行、信託銀行、地方銀行、第二地方銀行、信用金庫、信用組合の合計値

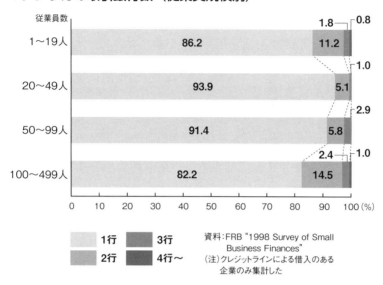

▼アメリカの取引銀行数（従業員規模別）

資料：FRB "1998 Survey of Small Business Finances"
（注）クレジットラインによる借入のある企業のみ集計した

　この複数行取引については、返済猶予先に対しては、経営改善計画から算出されるキャッシュフローによって、正常返済を付与する時には、その調整が難しいことになります。各金融機関が「担保強化」「メイン銀行化回避」「債権者平等原則」「プロラタ返済」などをそれぞれに主張しますので、返済調整がなかなかできないということになります。

　次に、返済猶予の金額が大きくなった場合は、金融機関自身の経営上の問題になってしまうことがあります。たとえば、現状の返済方法に固執して、企業が求める条件変更に金融機関が応じない場合、その先の資金繰りが行き詰まり倒産に至るケースも想定されます。そのときには、金融機関は大きな選択を迫られます。「自行庫の損失と金融機関が施す外科的再生手法にかかる負担の選択」をしなければなりま

せん。すなわち、やや専門的になりますが、この企業が倒産した時の自行庫の回収不能金額と再生手法適用時の長期支援金額累計金額の現在価値の裁定が必要になります。

　また「すでに積み上げた引当金の有効な活用方法」、そして「金融再生法における不良債権金額の開示債権の動向」も考慮しなければなりません。

　さらに、リレーションシップバンキングや地域密着型金融指向の金融機関として、「風評リスク」への配慮も必要になっています。

# 第2章 中小企業経営者に対する当事者能力強化と情報開示力強化への要請不足

## 1 ▶ 当事者能力強化の要請不足

　中小企業の複数行取引が常態となった現状においては、中小企業経営者自身による当事者能力の強化こそが、金融機関における法律的拘束からの解放の唯一の解決手段になっています。

　金融機関は大企業であり、中小企業よりも強者の立場にあるということで、独占禁止法などの法律的な拘束があり、このことが足かせになって、かつての「メイン銀行」のような取引先企業に対する金融機関調整ができなくなっています。この解決策は、中小企業による当事者能力の強化しかありませんが、中小企業経営者も金融機関もともに、その点の認識が薄く、中小企業経営者の自覚も弱く、金融機関もその背中を押すことをしないようです。このことこそ、金融機関が中小企業に対して当事者能力を強化することを要請していないということです。

　また、企業の責任として、情報開示が不可欠であるという自覚も弱く、金融機関も情報開示資料の提出要請も強く行っていないということです。

**【法律面の拘束性】**

　金融機関貸出担当者は、従来からの強者である大組織の貸手金融機関と、弱者である小体の借手中小企業の立場を引きずったまま、意識しないままに禁じられている強者の発言や行動を取ってしまうことが

あります。金融機関自身が、法的制約事項を認識しないまま、法律に抵触する発言や行動を取ってしまうことは、発言者や行動人の個人の責任を通り越して、金融機関の組織のトップの重大責任になってしまうものです。特に、以下の法律の抵触には注意しなければなりません。

　ア）　独占禁止法〈カルテル・優越的地位の乱用〉
　イ）　守秘義務に関する法律
　ウ）　民法の利益相反・双方代理・詐害行為
　エ）　弁護士法の非弁行為

### ア）独占禁止法

　独占禁止法に関する金融検査マニュアルの記載事項が、金融機関担当者に徹底していないために、この法律への抵触行為を見かけることが多々あります。冷静に考えれば、かつてのメイン銀行の協調融資間の調整は、ほとんどが独占禁止法違反であったのですから、銀行員としては十分に注意を払う必要があります。

　一方、十数年前の金融機関は、それぞれの金融機関の幹部同士、各支店の支店長・副支店長同士の情報交換会や懇親会を全国各地で催していました。各金融機関は、貸出・預金・外国為替などの計数交換を行い、金融機関同士の名簿交換・就業人数や勤務体制の情報交換を行い、取引先の業績が落ち込んだ場合は、メイン行が各地域の金融機関を集めて、貸出条件緩和や追加融資の方針を開示し、支援体制を固めることをしていました。そのために、よほどのことがない限り、融資残高の大きい中小企業は倒産を免れていました。そのために、銀行間で発言力の強いブランド銀行の手形を振り出している中小企業は信用力が高いと言われていました。

　しかし、2000年前後から、金融機関の貸し渋りや貸し剥がしが発

生し、中小企業の倒産が急激に増加するようになりました。この頃から、日本弁護士会やその弁護士の方々が、金融機関に対して独占禁止法の抵触行為を糾弾するようになったようです。

しかし、債務者取引先が主催するバンクミーティングに集まった金融機関の担当者の間では、与信管理に目が奪われて、勢い余って借手中小企業に対し、複数の金融機関が同時に糾弾し、金融機関間の貸出条件の刷り合わせの場になることが時々あるようです。

バンクミーティングには、債務者企業の経営者ばかりではなく、弁護士や税理士、コンサルタントなど法律に詳しい専門家も参加することがありますから、参加する金融機関担当者の極端な発言や対応によっては、独占禁止法〈カルテル・優越的地位の乱用〉の違反を指摘されることもあるようです。

これらの行為は、金融機関担当者が意識的に発言したり悪意で行動していることは少ないようですが、中小企業の経営者に対してはかなりの威嚇になったり、正しい意思決定ができなくなるような雰囲気（空気）を作ってしまうことも多々あります。金融機関の担当者の知識不足から生じる発言や行動だと思いますが、このことは、中小企業やその支援者である税理士や認定支援機関の発言を封じることも、時にはあるようです。

ちなみに、独占禁止法〈カルテル・優越的地位の乱用〉については、金融機関のバイブルである「金融検査マニュアル」の金融円滑化編に以下のように述べられています。いまや、この独占禁止法については、金融機関内部のコンプライアンスとして、行員の行動原則にまでなっているようです。

> （viii）上記（iv）から（vii）については、<u>独占禁止法違反行為</u>とならないよう留意しているか。特に以下の点に留意しているか。
> ・金融機関（公庫等、信用保証協会等及び住宅金融支援機構等を含む。）間で情報の確認を行う際には、個別の申込み案件毎に行うこと
> ・金融機関（公庫等、信用保証協会等及び住宅金融支援機構等を含む。）間で情報の確認を行う際には、個別の申込み案件に係る事項に限り取り扱うこと
> ・貸付条件の変更等を実行するか否かの最終的な判断は、各金融機関の責任において行うこと

### イ）守秘義務

やはり、バンクミーティングにおいて、こんなやり取りがありました。

A信用金庫：会社の資産については「選択と集中」の方向で見直しが行われたとの説明でしたが、社長やご家族の資産については、いかがですか。

B銀行：準メイン銀行として、社長さんのご資産については、従来からお知らせしていただいていますが、ご家族の資産については、知らせてもらっていませんね。奥様やご子息もかなり資産をお持ちになっていると思いますが……。

C銀行：確かに、ご子息は当行から住宅ローンをお借りになっていますね。その住宅ローンの建物が建つ底地は、<u>奥様のものだったと思いますが……</u>。

認定支援機関：ちょっと待ってください。Ｃ銀行さんのご発言は、社長からお聞きするならば問題ないと思いますが、<u>直接Ｃ銀行さんが皆様にお話しされることは、守秘義務の観点から問題になると思いますが……</u>。
Ｃ銀行：これは、申し訳ございませんでした。

　バンクミーティングを、債権者集会とか株主総会と勘違いをする金融機関担当者もいます。そのような担当者は、自行庫の引当率を極力高くしたいと思い、担保資産探しのようになってしまいました。この場面は、Ｃ銀行が債務者中小企業の社長夫人に対する守秘義務の遵守をうっかり忘れ去ったケースです。

### ウ）民法の利益相反・双方代理・詐害行為
　ある金融機関の担当者は、今までは取引先企業の立場で、種々のアドバイスをその取引先に行ってきました。結局、取引先企業はアドバイスを受け入れて自主廃業を決意することになりました。そこで、この担当者は、その取引先企業に自行の借入返済を促しました。
　このことは、借手企業にとっては、借入返済という不利益を与えられ、自分の属する銀行に貸出金回収という利益をもたらす行動を取られたということです。自主廃業を決めた企業にとっては、今までは、この金融機関の担当者は自社のための経営助言や相談をしてくれていたのに、一方では、金融機関のために借入れの返済を迫ったということになったのです。すなわち、廃業勧告のアドバイスを取引先のために行いながら、担当者が雇われている金融機関の貸出を真っ先に回収することになります。この行動は、正に利益相反行為に該当します。この行為が極端な場合は、詐害行為と言われることになるかもしれま

せん。

　ちなみに、一方の当事者に利益となり他方の当事者に不利益となったときは、利益相反行為を行った当事者は、不利益を被った当事者から、損害賠償の請求（民法709条）を受ける可能性もあります。

### エ）弁護士法の非弁行為

　非弁行為（ひべんこうい）とは、弁護士の資格を持たずに報酬を得る目的で、弁護士業務（弁護士法72条の行為）を反復継続の意思をもって行うことをいいます。非弁活動とも言っています。たとえば、コンサル活動に熱中するあまり、依頼者との信頼関係が絶対であると思い込んで、依頼者の代理人のような行為をすることは、非弁行為に当たります。経営者から「先生は私より当社のことを良く知っていますから、私の代わりに交渉をしてきてください。」と言われ、その言葉どおりに動けば非弁行為になってしまいます。

　ただし、コンサルタントが主体的に交渉を行ったとしても、社長が同席しており、その都度社長の同意を得ながら交渉を続けるならば、非弁行為にはなりません。金融機関の担当者が、別の金融機関などと取引先企業の立場で交渉する時は、その中小企業経営者と同行することが大切です。


　以上の実例によって、金融機関の貸出担当者が、これら法律に抵触するケースを紹介しましたが、担当者に悪意がなくとも、銀行業務に没頭するあまり、足をすくわれるケースがありました。十分注意をするべきです。

　と同時に、金融機関の貸出担当者は、自らの現在のポストは金融機関の大きな組織の中にあり、稟議書という書面で上司に意思決定を委

ねており、中小企業やその支援者の専門家とは意思決定の方法が異なることを認識しておくべきであると思います。即断即決を常に迫られている中小企業の経営者や専門家への配慮も、金融機関の貸出担当者は十分考えて、常に丁寧な対応をするべきであると思います。

## 2 ▶ 情報開示の要請不足

① 当事者能力の欠如で起こる「情報の非対称性」「逆選択」には「情報開示」の徹底を

中小企業金融において、金融機関が最も頭を抱えるのは「情報の非対称性」と「逆選択」の問題です。

貸出を実行する時は、その企業が貸出をしている間、業績が順調に推移して、貸出金が付加価値を付けて戻って返済してくることを期待しています。そのためには、金融機関は、借手企業と貸出金に関する事業について同水準の情報が欲しいものです。

しかし、現実は、借主の故意がある・なしに関わらず、借り手から貸主が欲しい情報を与えられないことがあります。一方の当事者にしか知りえない情報が存在することもあります。また、それが取引の成立にとって好ましくない情報の場合、取引成立のため同情報を秘匿する誘因が生じることもあります。最悪のケースは、粉飾決算もこれに該当します。このような状況を、「情報の非対称性」といいます。中小企業金融において、どうしても金融機関はこの状況に陥り、満足な情報がないまま貸出を実行することがかなりあります。

とは言うものの、金融機関としては、この「情報の非対称性」のまま融資審査をいつまでも続けるわけにはいきませんので、非対称性の情報が得られなくとも、他の与信判断の項目が高目の評価を探したり、

欲する情報が致命的なものではないということを見つけ出します。融資残高を伸ばしたいということからです。

　しかし、貸出審査の安全性を求めるためには、この「情報の非対称性」がある場合や、情報内容に信憑性が低い場合においては、全体の審査レベルを高め、厳しい対応にシフトすることがあります。こうなると、正直な申告を行うものの、審査レベルに達しない債務者企業には、貸出が実行できないことになります。反対に、虚偽の申告や水増しの情報提供をした企業、時には粉飾決算をした企業がこの審査をクリアすることがあります。審査基準が高過ぎるために、真に資金を求めている企業に資金を回すことができず、虚偽や水増し申告の悪しき企業に資金が投入されてしまうことになるのです。

　このような流れがさらに進むと、情報を保有していない（得られない）金融機関が、公開されている情報のみで取引をスタートし、好ましくない情報を秘匿した借主を取引相手に選んでしまうリスクが生じてしまいます。このため、情報非保有の金融機関は、このリスクによる損失を回避するために、結局、好ましくない情報を秘匿している借主を前提として、取引条件を高く厳しく設定せざるを得なくなります。結果的に望ましい（情報を秘匿していない）借入希望者とは取引が成立できなくなり、望ましくない（情報を秘匿している）借主のみが取引相手として残ってしまいます。このことは、金融機関からの借入れや貸出の市場参加者全体の効用を悪化させることになってしまいます。このような状況を「逆選別」といいます。

　このような「情報の非対称性」や「逆選別」は、金融機関としても避けなければなりませんが、そのためには、借手企業による自主的な「情報開示」の動きが大切になり、正しい情報開示資料の作成・提出

が欠かせないものになります。

　中小企業の経営者に、正確な「情報開示」の習慣が定着するならば、ここで述べた「情報の非対称性」や「逆選別」はなくなり、中小企業金融は債務者サイドに利便性が高く使いやすいものになっていくと思われます。と同時に、金融機関としても、中小企業経営者に対して、正確な情報開示資料の提出を要請するべきです。

### ②　中小企業経営者のコンプライアンス・ガバナンス意識の高揚

　上場企業や大企業は内部統制報告制度を遵守し、最近では、コーポレートガバナンス・コードというガイドラインの導入が活発に行われています。中小企業にも早晩、この内部統制のルールが大手の企業から導入されることになると思います。

　東芝の会計不祥事や三菱自動車工業のリコール隠しなどの事件が発生し、内部統制強化の風潮は広がっています。コンプライアンス（法令遵守）とか、ガバナンス（企業統治・経営管理）などと言えば、まだまだ道徳の教科書に書かれている内容のように思われていますが、実際には、企業自体の内部管理全般の統制をいい、大企業においては企業存続の必須条件にまでなろうとしています。

　世界的にも、企業としては「COSOキューブ」に沿って内部統制を行っており、中小企業にも同様に当てはまります。金融機関としては、その「COSOキューブ」の切り口から、金融検査マニュアルを通して、その内部統制の知識を身につけなければならないのです。実は、日本全体の内部統制を司っている官庁は金融庁ですから、この点からも、日本の内部統制は金融機関を通して徹底することを目指しているのです。

中小企業経営者に対する当事者能力強化と
情報開示力強化への要請不足

第2章

▼COSOキューブ

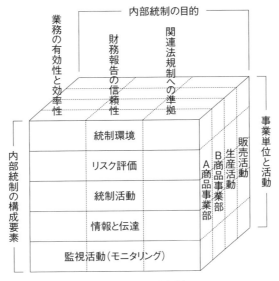

出典:「トレッドウェイ委員会組織委員会報告」より

　この「COSOキューブ」のキューブ（立方体）は、上記の図のとおりです。内部統制をその「目的」と「構成要素」「事業単位と活動」に俯瞰しています。内部統制の目的は「業務活動」「財務報告」「法令遵守」の3本柱にまとめています。

　「業務の有効性と効率性」ということは、重要な欠陥や虚偽事項のない有効で効率的な「業務活動」のことを意味しています。特に、企業の外部に働きかける販売・営業活動については、有効であり効率的でなければなりません。「財務報告の信頼性」というときは、健全な資産状況や持続可能な収益を上げ情報開示に耐えられる「財務報告」のことをいいます。

情報開示は、原則として、数値に裏打ちされた財務報告がベースになります。また、「関連法規制への準拠」という時は、社会規範・法令・社内ルールなどを守る組織・人材の「法令遵守」のことを述べています。つまり、この「業務活動」「財務報告」「法令遵守」の3本柱を内部統制の目的として、その「内部統制」を確立しようとしているのです。
　また、その目的を達成するためには、「統制環境」「リスク評価」「統制活動」「情報と伝達」「モニタリング」の5つの要素がそれぞれの目的を達成するためには必要であり、それらが相乗効果も求めています。「統制環境」は十分に経営管理ができる環境のことであり、金融機関としては融資する企業の経営理念・ビジョンや組織図のチェックでこの部門の評価が可能になります。
　「リスク評価」は一般的に使われるリスクよりも広義なリスクであり、経営目標などを阻害するリスクを認識してその回避策を講じることです。経営目標を策定するにあたり外部環境や内部環境の種々の要因を見極めますが、その要因の中には経営の阻害要因があります。金融機関はこの要因を回避・解決する姿勢を評価する必要があります。
　「統制活動」とは経営者などの指示・命令や社内規程の運用が効果的に働くことです。金融機関は、企業全体を組織図で俯瞰することができますが、その各組織（部署）がセグメント計画（部門計画）を策定し、その部門長がメンバーを掌握しているかを見ます。経営者などの指示・命令が効果的に遂行されているか、企業全体の経営目標を有効・効率的に推進しているか、そのために社内規程などのインフラが整っているかなどを評価します。
　「情報と伝達」とは、企業内外や事業担当者間の有効情報が伝達できることです。金融機関は、情報は数値により客観的に開示され、そ

の数値は時系列的に、また企業を取り巻く広範囲の分野で把握できるようになっているかを見る必要があります。情報の伝達を受けた人や機関が的確な評価ができているかも、見ることが大切です。

　「モニタリング」とは内部統制に関する情報を検討し是正措置が継続的に取られることです。金融機関にとっては、このモニタリングを効果的・効率的に行う仕組みを構築することはなかなか難しい問題になっています。貸出担当者は多くの企業を同時に管理していますので、企業自身が定期的にどの程度の深さまでの内部統制の情報を提供してくれるかを、前もって決めておくことが理想です。将来のモニタリング報告のイメージを作り、企業サイドが自主的に継続的に伝達してくれる仕組みの構築が必要です。できれば、税理士などの外部機関がその管理を引き受けてくれるのが有り難いことです。

　この5つの構成要素を、その企業の業務の中に組み込んで、「内部統制」を効果的に達成することを、このキューブは表しているのです。金融機関の企業把握もこのキューブに沿って行うことができれば、適時適格な企業対応が可能になります。

　特に、企業との情報交換のパイプ役となる「情報開示」は、このキューブの「情報と伝達」に該当するアクションプランですが、内部統制の目的とその構成要素のすべての項目に関わるアクションプランとなっており、極めて重要です。各項目を「情報開示」の視点で見直すことが大切です。とはいうものの、このような内容は、短兵急に企業サイドに求めることはできませんので、徐々に構築していく姿勢が必要です。

### ③　金融検査マニュアルは金融機関の内部統制のガイドライン

　ここで話を脇道に逸らしますが、金融機関の内部統制について述べ

ていくことにします。「金融検査マニュアル」は、金融機関のバイブルと言われています。正に、銀行経営全体に関わる内部統制のマニュアルというものです。

　金融機関の職員は、日本人が日本国憲法を必ずしも精読してはいないように、あまり金融機関の内部統制をまとめた金融検査マニュアルを時間をかけて熟読してはいないようです。ただし、金融庁から金融検査が入ったときは、金融機関のトップや役員は、この金融検査マニュアルのすべての経営管理やリスク管理について、細目まで金融庁の担当官にヒアリングを受けることになります。

　一方、支店や貸出の現場にいる金融機関の役職員は、内部通達などで、この金融検査マニュアルの内容をこま切れにして知らされています。実際には、このマニュアルの一部しか紹介されていません。この紹介事項は「信用リスク管理」と「資産査定（自己査定）」の内容がほとんどです。そのためか、金融検査マニュアルの内容は「信用リスク管理」と「資産査定（自己査定）」の解説とその事務手続と思い込んでいる金融機関の担当者がかなりいます。

　また、中小企業の経営者や財務責任者の方も同様です。融資の新規申込みや金利の引下げ交渉、また条件緩和への依頼などを、金融機関の窓口に行って申し込むと、貸出担当者から「これらの融資や条件変更は格付・債務者区分によって決められます。その大筋は金融検査マニュアルによって定められています。」と聞かされます。

　ということで、中小企業の方々も、格付・債務者区分に関する「信用リスク管理」「資産査定（自己査定）」だけが金融検査マニュアルのすべてであり、単に金融検査マニュアルはその事務マニュアルと思い込んでいる人も多いようです。

　しかし、金融検査マニュアルは金融機関の内部統制そのものです。

以下の金融検査マニュアルキューブの図は、この金融検査マニュアルの全体像を理解していただくにはわかりやすいものです。

金融検査マニュアルは、一般の企業ならば業務・財務報告・法令遵守の3通りの目的を、下記のように、①〜⑪の11通りの目的として明記しています。その中にそれぞれ「方針の策定」「内部規程…」などの7項目の構成要素、「経営陣」「管理者」「その他」の3つの事業単位に分け、それらについても述べています。

これらの目的・構成要素・事業単位と活動の網羅性や相乗効果によって、すべての内部統制項目は総合的に把握することができるようになっています。

▼改訂　金融検査マニュアルキューブ

① 経営管理（ガバナンス）態勢—基本的要素—の確認検査用チェックリスト
② 金融円滑化編チェックリスト
③ 法令等遵守態勢の確認検査用チェックリスト
④ 顧客保護等管理態勢の確認検査用チェックリスト
⑤ 統合的リスク管理態勢の確認検査用チェックリスト
⑥ 自己資本管理態勢の確認検査用チェックリスト
⑦ 信用リスク管理態勢の確認検査用チェックリスト
⑧ 資産査定管理態勢の確認検査用チェックリスト
⑨ 市場リスク管理態勢の確認検査用チェックリスト
⑩ 流動性リスク管理態勢の確認検査用チェックリスト
⑪ オペレーショナル・リスク管理態勢の確認検査用チェックリスト

④　一般的な中小企業の情報開示は厳格に

話を、中小企業に対する情報開示に戻します。資金調達や借入金の

条件変更には、家業的中小企業（零細中小企業）といわれる企業以外の、一般的な中小企業としては、金融機関に対して情報開示が必要です。金融機関にとって、この情報開示は融資取引の通行手形のような位置付けになっています。

金融機関が情報開示を求めることは、内部統制以外でも、国際決済銀行の自己資本比率規制（バーゼルⅡ・Ⅲ）や企業会計基準、また国際会計基準などのプレッシャーが大きいからともいえます。金融機関の多くは、上場企業であったり、同等の内部管理を求められている組織で、2015年以降はコーポレートガバナンス・コード（株主・ステークホルダーなどの外部の機関に情報開示を行いその評価（対話）を受けることのガイドライン）の拘束を受けることになっています。

金融機関自身の情報開示については、金融検査、国税庁検査、証券取引所のチェックを厳格に受け、ホームページやディスクロージャー誌でその情報を公開し、税理士・公認会計士・中小企業診断士や商工会議所・商工会など地域の知識人から、その情報に対する批判を受けます。これは「規律付け」「市場の規律を受ける」と言われていますが、その情報開示に対する評価を受けているということです。

そこで、金融機関も自己査定や内部統制報告、リスク管理態勢の構築をしっかり行わなければなりません。また、取引先企業のニーズや地域の事情を踏まえた地域密着型金融推進計画の情報開示も実施し、その批判も受けなければなりません。

そのためにも、借手である中小企業は、貸手である地域金融機関にしっかりした情報開示を行い、自分たちの行動は透明性があるとして、「情報の非対称性」の問題も解消しなければなりません。金融機関の債務者企業に対する「格付評価・審査・自己査定・不良債権処理・資本性貸出など」のそれぞれの手続や手法の中には、この中小企業に対

する情報開示の要請が大きいことは窺えますし、特に、金融円滑化法の恩恵を受けている返済猶予先については、企業自身の情報開示は必須になっています。

金融機関のバランスシートの資産項目で大きなシェアを持っているのは取引先への貸出残高ですので、当然ながら、その資産の評価を厳格に行って、引当金を積み上げながら、資産内容の健全化を図らなければなりません。これこそ、自己査定（資産査定）であり、融資先企業でいえば、売掛債権や在庫の評価にあたり、貸倒引当金の繰入れ・戻入れに該当するものです。したがって、自社の借入残高が3～5千万円を超えるようであるならば、自己査定（資産査定）対象企業として資産評価を厳格に行いますので、金融機関はその企業への情報開示を強く求めることになるのです。

と同時に、その情報開示を受けた中小企業に対しては、金融機関は自己査定（資産査定）を精緻に行いますから、あらゆる業種の企業と取引があって、それぞれの業種の特徴を把握している金融機関は、その企業に関する経営助言・相談・指導などのコンサルティング的な意見も持つことができるようになります。金融機関としては、この意見または情報に基づいて、この中小企業に経営指導や経営相談などを行うこともできるようになるのです。

⑤　リレーションシップバンキング（地域密着型金融・略称リレバン）施策における情報開示に対する誤解

しかし、地域金融機関の役職員の中には、中小企業にはあえて情報開示を求めることは控えるべきであると言われる方がかなりいます。地域金融機関は、2003年以降から実施している金融庁のリレバン施策に基づいて、企業情報を徐々に集めて、その情報の非対称性の溝を

丁寧に埋めていくことが大切であると考えています。

　このリレバンの考え方は、取引先に情報開示を強く求めることは金融機関の強者の論理であり、中小企業の営業活動を阻害することであると思い込んでいるようです。金融機関の悩みである「情報の非対称性」を埋めることも、中小企業には強く求めるべきではないと考え、中小企業との人間関係を親密に保ち、時間をかけて情報収集に注力するべきであると捉えていたようです。地域金融機関は、長期間にわたり親密な交流の中から、その間に企業の財務情報を徐々に集め、これを蓄積し貸出に結び付けるようにすると思っていたようです。

　実は、このことは、借入れもそれほど多くない家業的中小企業（零細中小企業）についていえることであり、企業実態が経営者やその一族と実質同一体と見られる先ならば、これで良かったともいえます。これらの中小企業には、他力本願的な受け身の情報開示でもやむを得ないことであって、情報開示の要請も地域金融機関は恐る恐る行うことが実態でした。

　しかし、情報開示は前述のとおり、金融機関自身の資産査定の必須事項です。貸出残高の大きい先に対してまで、情報開示の要請を控えて、自行庫の資産内容の健全化を先送りにすることは問題です。すでに、大半の中小企業は当然ながらパソコン経理を導入し、税理士などの財務・会計のアドバイスを受けているのです。金融機関に提出する決算報告書の裏には多くの帳簿情報を持っているのです。この数年の間に、個人の常識が、固定電話から携帯電話、そしてスマホに変わったように、中小企業といえども、家業的中小企業（零細中小企業）を除けば、そのほとんどがIT化されているのです。

　また、中小企業にも、内部統制は必要になっています。三菱自動車工業などがリコール隠しで日産自動車の傘下に入ったことは、中小企

業にとっても対岸の火事ではありません。内部統制が定着していないまま粉飾決算を続けている中小企業が、もし借入れが多いならば、金融機関の自己査定（資産査定）対象企業であることから、金融機関も背に腹は代えられません。必ずその粉飾決算を指摘し、改善を求めるようになると思います。

　多くの中小企業は複数の金融機関に財務報告を提出していますので、ある一つの金融機関から粉飾を指摘された場合、すべての金融機関は粉飾を発見した金融機関と同様な貸出金回収や凍結の行動に出るかもしれません。岡山県の名門企業株式会社林原が長瀬産業の傘下に入ったことも、複数行の取引銀行のうち2つの金融機関から粉飾を指摘されたことによるものです。

　金融庁は2015年の金融行政方針で「融資先企業へのヒアリング（本事務年度中に1,000社程度）により、取引金融機関に対する顧客の評価（優越的地位の濫用を含む）を把握し、それを基に金融機関との対話を進め、金融仲介機能の質の改善を目指していく」と言っていますが、一方では、金融庁が粉飾決算に気付く可能性もあります。その時の取引金融機関は、どのように対応すべきか、貸出担当者ならば、ぞっとするかもしれません。

　もともと、金融機関は融資先企業の内部統制を管理するミッション（使命）もあります。金融庁が内部統制の監督官庁です。このことからも、中小企業に対する内部統制のベースになる情報開示については、金融機関は脇を締めて取り組む必要があります。

　したがって、一般的な中小企業に対して、従来のリレバン施策であった「中小企業との人間関係を親密に保ち、時間をかけて情報収集に注力するべきである」ということは、もはや通用しないと思います。

　今後は、直接金融として一般投資家から資金を集める可能性のある

中小企業や、地域活性化を担わなければならない中小企業、近々ある程度の規模に成長するような中小企業には、過保護ともいえるような従来の情報開示緩和手法は、もはや認められなくなります。

## ⑥ 情報開示の文書化の重要性

　最近の一般的な中小企業は、徐々に財務管理や内部統制も高度化し、情報開示のスキルも高まっています。税理士や認定支援機関などの専門家の情報開示支援が定着し始めているからかもしれません。特に、上場企業と深い取引のある企業は、売掛金残高報告やプライバシーマークなどの報告を求められ、その内部統制もレベルアップされています。

　2003年のリレバン・地域密着型金融の施策がスタートした当時に比べれば、この中堅・中小企業の財務報告や事業報告の信頼度も高まり、情報開示の水準もレベルアップしています。一部の中堅・中小企業については、上場企業などで求められているような情報開示を実施しなければならなくなっています。地域金融機関としても、中小企業の情報開示の精度や信頼性が高まってきたことからか、すでにかなり精度の高い情報開示資料を求めるようになっています。

　確定申告用の決算書のほかに、かなり緻密な経営改善計画書や会社報告書などもすでに入手している地域金融機関もあります。すなわち、情報開示は文書化されてきているということです。

　確かに、金融機関内部の意思決定は、申請書・稟議書・査定書などという決裁用文書ですが、これらの書面は、貸出担当者・課長・副支店長・支店長・本部の副審査役・審査役・審査部長・役員会の順番で、それぞれに決裁され、最終決裁者の承認をもらっています。そのために、文章の起案者が貸出担当者である場合、その担当者の文章化の実

力不足によって、中小企業の情報開示の主旨が上司に伝わらず、最終決裁者にも届かないことがあります。

　この貸出担当者の文書作成力の不足リスクを回避するためには、企業としては自分たちの情報開示の内容を前もって文書化して、金融機関に提供することが合理的であると思います。この文書化によって、情報開示の内容を正確に、またスピーディに金融機関の最終意思決定者に伝えることができるようになるのです。実際、地域金融機関の一部でも、情報開示の文書化の要請を真正面から企業に伝え、企業から「文書化した情報」として入手するようになっています。特に、事業性評価については、企業自身の事業性に関する情報開示が極めて重要になります。

　具体的には、この文書は、①税務申告用決算書と附属明細書、②経営改善計画書、③会社説明書であり、少なくともこの3つの文書は提出するべきです。上場企業は、①有価証券報告書、②事業計画書、③会社説明書などを開示（証券取引所に提出）していますが、ほぼこれに重なるものです。


　このように、中小企業の経営者は、金融機関に対して「情報の非対称性」などが生じないように、「情報開示」を励行する必要がありますが、同時に金融機関としても、この情報開示の重要性を常に、中小企業経営者に言い続ける必要があると思います。

　また、中小企業の支援者である税理士などの専門家も、税務署に対する情報開示資料である確定申告書ばかりではなく、銀行への情報開示資料である経営改善計画書や事業性評価の説明書の作成支援にも、本腰を入れることが大切です。

## 3 ▶ 中小企業の顧問税理士との連携強化への要請不足

　金融機関にとっては、複数行取引中の返済猶予先に対し、「経営改善計画⇒キャッシュフロー算出⇒正常返済を付与」を要請する時に、各取引金融機関は「担保強化」「メイン銀行化回避」「債権者平等原則」「プロラタ返済」を主張しますが、この時の返済調整には、中小企業が最も信頼を寄せる顧問税理士に協力してもらうことが解決策になります。

　時には、返済猶予の金額が大きくなった場合に、金融機関に対して、「自行庫の損失と金融機関が施す外科的再生手法にかかる負担の選択」について、アドバイスを受けたり「すでに積み上げた金融機関自身の引当金の有効な活用方法」、「金融再生法における不良債権金額の開示債権の動向」などの助言をしてもらうのも有り難いことです。

　さらに、リレーションシップバンキングや地域密着型金融指向の金融機関に対して、地域の事情について良く知っている税理士などに「風評リスク」への配慮についてアドバイスを受けることは、金融機関に有益です。

　企業の情報開示についても、その資料の客観性や過去の取引経緯・利害関係の複雑さなどの点から、第三者的な立場の顧問税理士の力があれば、企業も金融機関も大いに助かります。

　では、なぜ各金融機関同士の返済調整などに、税理士がふさわしいのでしょうか。

　実は、税理士会に「綱紀規則第25条」があって、この規則が税理士間では遵守され続けているからです。複数行取引に対する金融機関間で、返済調整に苦慮することを考えてみましょう。もし、自行のみの一行取引先ならば、経営改善計画・キャッシュフロー・返済財源や

毎月の返済額まで、取引先と金融機関の間の話合いですべて解決します。実際、一行先の返済猶予先の正常返済付与は、すでにそのほとんどが解決済みになっています。

　複数行取引の場合は、メイン銀行がその旗振りをすればよいといわれていますが、企業は残高主力行であろうとも、信用貸出主力行であろうとも、昔のようなメイン行への信頼はありません。また、金融機関自身も独占禁止法や利益相反行為などの法的拘束や複数行取引におけるコンサルティングの難しさ、他行間調整の権限が各金融機関の本部に集中していることなどで、昔のメイン行のようなリーダーシップにて、貸出条件緩和交渉を各金融機関同士で調整することはできません。バンクミーティングもまだまだ、一般化されているともいえません。

　ということで、この複数行調整を行うのは、中小企業と「1対1」の関係にある顧問税理士しかいないということです。そこで、取引先中小企業を通して、この顧問税理士に相談することが、解決の近道で最も現実的な方法ということになります。

　ご参考までに、税理士会の「綱紀規則第25条」をお示しします。

> ○ ○○税理士会綱紀規則（準則）
>
> 　　　　　　　　　　　　　昭和42年 6月 9日
> 　　　　　　　　　　　　　　制　　　　定
> 　　　　　　　　全改　　昭和55年 9月18日
> 　　　　　　　　変更　　昭和57年 6月 3日
> 　　　　　　　　　　　　平成13年 9月 4日
> 　　　　　　　　　　　　平成14年 3月25日
> 　　　　　　　　全改　　平成18年 9月 5日
> 　　　　　　　　変更　　平成26年 9月 4日
>
> 第1章　総　則
> （趣旨）
> 第1条　この規則は、会則第○○条の規定に基づき、会員の品位保持及び使用人その他の従業者(以下「使用人等」という。)の監督に関し、必要な事項を定める。
> （省略）
> （業務侵害行為の禁止）
> 第25条　<u>会員は、直接であると間接であるとを問わず、他の税理士又は税理士法人の業務を不当又は不公正な方法によって侵害するような行為をしてはならない。</u>

　とはいっても、顧問税理士の中には、「経営改善計画やコンサルティングなどはやりたくない」とか、「自分には経営改善計画・キャッシュフロー・返済調整などのスキルがない」または、「金融機関との連携が不安である」などの理由で金融機関の依頼を断る方もいます。その時は、取引先企業にこの役割を担うことができる専門家（別の税理士など）を用意してもらうことも一策です。

　一方、金融機関としても「税理士などは、節税・脱税しか考えておらず、公正公平な客観的な財務処理など見込めない」という先入観は持つべきではありません。「どの先生が経営改善計画などのスキルがあり、信頼できるかわからない」とか、「複数行取引の場合、税理士

に返済調整を依頼するにあたり、別の協調融資行からクレームがあるかもしれない」など、杞憂に近いネガティブな理由で消極的になることも感心しません。

　しかし、後述しますが、認定支援機関制度が定着するにつれて、税理士などの専門家も中小企業の経営支援に本腰が入っています。中小企業の顧問税理士との連携強化への要請は、今後は一層強くなるものと思われます。

# 第3章 地域金融機関の支店担当者が求められる新知識

## 1 ▶ 経営改善計画・再建計画が作成できなかった要因と改善策

経営者：返済猶予を受けるためには、なぜ経営改善計画を1年以内に作成しなければならなかったのですか。

銀行担当者：返済猶予を受けたのちに、再生できる企業であることを見極めるために、銀行に経営改善計画の提出を求めたのです。

経営者：しかし、中小企業庁がサンプルとした経営改善計画は、16ページにもなる分厚い経営改善計画ですが、ここまで厚い計画でなくとも、その企業が再生できるかの判断はできるのではないかと思いますが……。

銀行担当者：そうですね。返済猶予先に正常な返済を付けたり、長期のリスケやDDS・債権放棄などの再生施策を講じるためには、正確なキャッシュフローの算出が必要になり、どうしても、サンプルAのような分厚い経営改善計画が必要になったのです。

経営者：実は、返済猶予を続けさせてもらっていましたが、最近は損益状況が好転しましたことから、すべての借入れを金融円滑化法の第4条に沿って正常返済を付与することを銀行に相談しました。しかし、銀行員はそのサンプルAの勘所を明確に教えてくれませんでした。この計画の本当のポイントはどこになるのですか。

銀行担当者：この計画は、将来の再生の有無を評価するというレベルよりも一歩進んでいくらのキャッシュフローを生み出すかを見る計

画になっているのです。すなわち、5〜10年後のその企業の妥当と思われるキャッシュフローを算出し、そのキャッシュフローから貸手金融機関のすべての貸出に正常な返済を付けることを目論むものになっているのです。この計画の条件としては、売上・費用の予測が客観的で説得力があり、キャッシュフローから返済財源を算出し、金融機関の借入れに対する返済金額を割り振ることであり、また、その後のモニタリングまで展望できる経営改善計画を作成することです。しかも、これらの項目は、すべての貸手金融機関が納得するものであることになっています。

経営者：そんなに条件があると、具体的なイメージが湧きませんが、もう少しわかりやすく説明していただけませんか。できればサンプルＡの経営改善計画に沿って、説明していただけないでしょうか。

銀行担当者：まず、「売上・費用の予測」については、サンプルＡの≪計数計画・具体的な施策≫の具体的な施策に沿った「売上・費用の予測」であり、外部環境・内部環境の各分析と過去計数に裏付けられることが理想です。「キャッシュフローから返済財源を算出し、金融機関の借入れに対する返済金額を割り振ること」については、サンプルＡの≪計数計画≫の後半にまとめられた「金融機関別返済計画・金融機関別保全状況」に沿った返済計画であり、各金融機関の利害を調整できたものが理想です。また、「その後のモニタリング」は≪実施計画≫の下段にある「モニタリング計画」であり、経営改善計画遂行のために改編された組織の各新部署によるセグメント計画に沿ったフォローが理想といえます。経営改善計画とは単なる「将来損益計算書」ではなく、企業全体の5〜10年の方針書でありアクションプランであることから、この策定においてはある程度の事務負担は伴うものです。

経営者：具体的なサンプルA経営改善計画に沿った説明をしていただき、ありがとうございます。この経営改善計画は、いつかは本腰を入れて策定しなければならないものと思っていましたので、今回は良い機会ですから、チャレンジしたいと思います。

銀行担当者：ぜひともチャレンジしてください。私ども銀行員にとってもここまで詳しい経営改善計画は自ら作成したことはありませんし、計画の評価もそれほど経験していません。私どもも勉強しますので、御社も頑張ってください。

経営者：そうですね。経営改善計画のフォームがあることは有り難いのですが、16ページもありますので、計画策定の方針を固めてから作成していきたいと思います。

### 解説

　金融円滑化法ができて返済猶予が40万件も発生する前までは、金融機関は現在のような経営改善計画はほとんど要求していませんでした。金融機関の融資は、その大半が1年以内の短期融資であり、設備資金融資と長期運転資金融資くらいが長期融資でした。しかも、この長期融資に対しては、経営改善計画までは必要としませんでした。

　設備資金融資については、その設備に関する審査は設備関連に限ったキャッシュフローの見極めが大半であり、企業全体のキャッシュフローのトレースはしませんでした。また、長期運転資金においても、経常単名貸出やころがし貸出に毎月の約定返済を付与した長期融資でしたので、同様に企業全体のキャッシュフローまでは求めませんでした。その上、これらの長期貸出は不動産担保提供を原則としていました。かつては、インフレ基調の時代でしたから、不動産担保評価は毎年アップし、融資審査の補足説明資料も簡単な予想損益計算書程度の

ものでした。その後においても、本部審査部に申請する稟議書には、ワークシート1～2枚の簡単な補足説明資料がせいぜいでした。その習慣が、現在も金融機関の担当者には残っているようです。

しかし、金融円滑化法施行以来、返済猶予先に正常返済を付与することは「経営改善計画・再建計画を作成後に、キャッシュフローや返済財源を算出し、各金融機関に納得できる金額の返済を実施する」ということで、従来、金融機関の貸出担当者が学んできた経営改善計画・再建計画よりも、はるかに精度の高いものになりました。キャッシュフローの算出にはこの精度の高い経営計画が必要になります。しかも、その経営改善計画については、デフレ基調の下、売上上伸の根拠やコスト削減の理由を明確に説明しなければならず、その計画承認後に、やはり精度の高いモニタリングも必須になり、経営改善計画遂行のための新組織への改革やその新組織の各部署ごとのセグメント計画も求めなければならなくなりました。

当然ながら、貸出現場の担当者も、経営改善計画策定手法やその計画に関するコンサルティング・アドバイスのスキルを身につけなければなりませんが、未だに、金融機関の貸出現場のほとんどの担当者の経営改善計画などのスキルや知識は十分とはいえません。経営改善計画の売上予想は、製造・技術開発については工場長や技術部長などの見通しが必要ですし、営業戦略・販売見込みは営業部長や販売部長などの意見がポイントになりますが、銀行担当者は、面識すらないことが一般的です。しかも、この経営改善計画の実現可能性の見極めや評価に関しては、金融機関本部が決定権限を持っていますので、なかなか貸出現場の担当者は、自らの責任でこれらの計画を検討できないようです。中小企業が融資担当者に相談しても、その貸出現場には明確な回答ができる人はあまりいないようです。

① 返済猶予先に正常返済を付与するための経営改善計画

　返済猶予先がここまで増える前は、経営改善計画は経営者の理念・ロマンを確実に実行したり、役職員・従業員の行動原則を定めるなど、自社の内部管理のために作成していました。しかし、金融円滑化法以降は、その経営改善計画は、金融機関に提出することを前提に作成されるようになりました。その中でも、返済猶予中の企業については、一層緻密で厳格な経営改善計画を策定しなければなりません。返済猶予先に正常な返済を付与するためには、前述したようにキャッシュフローを算出して、返済財源を明らかにして、無理のない返済をセットしなければなりません。

　業績が不芳であって、キャッシュフローも思い通りにいかない先が大半の返済猶予中の企業は、実態バランスシートなどでは債務超過になっている先が多く、返済もしていませんから、金融検査マニュアルのガイドラインを厳格に運用されれば、「破綻懸念先」の債務者区分になってしまいます。このような企業は、正に「企業再生」を目指す内容の経営改善計画を作成しなければなりませんので、次ページの図のようなプロセスを経て作成される精度の高い経営改善計画を要求されます。

　特に、売上の予想は外部環境分析や経営学理論などの根拠に基づく納得性のある数値予測が求められますし、費用の予想は企業の内部組織の変更やその各組織ごとに作成されるセグメント計画に裏付けられたコスト削減に沿ったものを求められます。また、実行計画や数値計画は、計画策定後にこの計画を評価するモニタリングを、展望できる実現可能性の高いものが必要です。

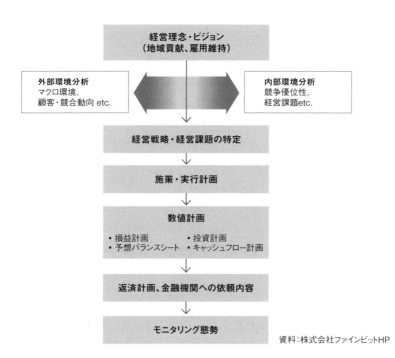

資料:株式会社ファインビットHP

　さらに、この経営改善計画の作成には、主に下表の4つのプロセスが欠かせません。中小企業庁のサンプルAの経営改善計画を策定する場合においても、下記①〜④の注意点に留意することが望ましいとされています。

| | ①発射台固め | ②売上・費用・利益の予想 | ③返済予想 | ④モニタリング体制 |
|---|---|---|---|---|
| プロセス | 前年の精査された損益計算(中小企業会計基本要領に準拠・金融機関の資産査定に準拠) | 今後5〜10年の売上計画・費用計画(外部・内部環境分析や当該中小企業の強みを加味した予想) | 債務償還年数の算出と再生手法の検討、各金融機関交渉を含む複数行調整 | 作成した計画の予実管理、訪問チェック、ローリングプランなどを作成する体制 |

これらの注意点に留意して、数値を仮に入れて作成した「経営改善計画のイメージ」が次の表です。計画のイメージ作成は重要です。特に、売上・費用・利益の予想については楽観的な見通しになりがちですが、かなり保守的な数値にすることが大切です。

▼経営改善計画表のイメージ

単位：百万円

|  | X0年3月期 |  | X1年3月期 |  | X2年3月期 |  | X3年3月期 |  |
|---|---|---|---|---|---|---|---|---|
|  | 金額 | 構成比 | 金額 | 構成比 | 金額 | 構成比 | 金額 | 構成比 |
| 売上高 | 7,800 | 100% | 7,800 | 100% | 7,850 | 100% | 7,900 | 100% |
| 売上原価 | 5,400 | 69.23% | 5,382 | 69.00% | 5,417 | 69.00% | 5,451 | 69.00% |
| 売上総利益 | 2,400 | 30.77% | 2,418 | 31.00% | 2,434 | 31.00% | 2,449 | 31.00% |
| 販売管理費 | 2,300 | 29.49% | 2,250 | 28.85% | 2,200 | 28.03% | 2,250 | 28.48% |
| （内減価償却費） | 200 | 2.56% | 180 | 2.31% | 160 | 2.04% | 140 | 1.77% |
| 営業利益 | 100 | 1.28% | 168 | 2.15% | 234 | 2.97% | 199 | 2.52% |
| 営業外損益 | 80 | 1.03% | 80 | 1.03% | 80 | 1.02% | 80 | 1.01% |
| 経常利益 | 180 | 2.31% | 248 | 3.18% | 314 | 3.99% | 279 | 3.53% |
| 特別損益 | 0 | 0.00% |  | 0.00% |  | 0.00% |  | 0.00% |
| 税引前当期利益 | 180 | 2.31% | 248 | 3.18% | 314 | 3.99% | 279 | 3.53% |
| 法人税、住民税及び事業税 | 72 | 0.92% | 99 | 1.27% | 125 | 1.59% | 112 | 1.42% |
| 当期利益 | 108 | 1.38% | 149 | 1.91% | 109 | 2.40% | 167 | 2.11% |

　上記の経営改善計画のプロセスについて、少し詳細に述べると以下のとおりです。

### (1) 発射台固め

　この「X0年3月期」の損益計算は、経営改善計画書の初年度につき、その初年度の貸借対照表（バランスシート）の売掛金・棚卸資産は贅肉を削ぎ落とし、また引当金・減価償却はその金額を十分積み上げて、費用を目一杯計上する必要があります。この操作を行わないと経営改善計画を進めていくにあたり、過去の膿が出てくる

可能性が高くなります。

言い方を変えれば、中小企業会計基本要領に準じて勘定科目を精査し、引当金の繰入れや償却を実施して、損益を見直すということになります。

したがって、最近では、「中小企業会計指針」「中小企業会計基本要領」の適用に関するチェックリストの活用で、この作業を省略することも多くなってきました。

### (2) 売上・費用・利益の予想

「X1年3月期」や「X2年3月期」以降の売上は保守的に、また費用は多目に計上することがポイントになります。その売上や費用についての根拠は定性分析要因の販売力・技術力などが一般的ですが、極力数値によって具体的に示すことが望ましく、その企業自身が文書で金融機関に提出することが重要です。この売上と費用の根拠については、業績推移原因分析・外部環境分析・内部環境分析などで総合的に予測を行うことが望ましいことです。

### (3) 返済予想

当期利益と減価償却費を合算した償却前当期利益（営業キャッシュフロー・フリーキャッシュフローなど）から債務償還年数を算出するために、非支出コストである減価償却費は必ず明確にしておくことが必要です。債務償還年数は、最適な返済猶予や再生手法を決めるときの大きな根拠になりますが、その算出には当期利益・減価償却費・借入れの勘定科目の数値予測がポイントになります。この経営改善計画では、検討段階においては、協融各金融機関ごとの返済金額予想までは通常求められませんが、償却前当期利益と毎年

の返済累計金額のバランスについてはある程度固めておく必要があります。

### (4) モニタリング体制

実際は、全体の経営改善計画を作成した後に、新組織への変更などを行いますが、同時に、戦略目標からアクションプランまでの行動計画も見直します。各部門長や管理者から担当者まで、その行動計画を確認し、PDCAサイクルを回していきます。そして、評価を受けて確認され、課題・問題点の解決が行われることによって、経営の強化につなげていきます。「Plan（計画）⇒Do（実行）⇒Check（評価）⇒Act（改善）」の4段階を繰り返すことによって、このことを実践していくのです。

また、このPDCAで、このモニタリングの内容を繰り返しますと、PからDで、各担当者が計画の内容・役割を理解・認識するよう周知徹底することになり、それぞれの担当者が責任を持って業務を行うことになります。

C（Check）では、計画作成から実績評価するまでの当社の事業活動内容に問題があるのか、その間の外部環境・内部環境に問題があるのか、または計画自体の実現可能性がもともと低いという問題があるのか、などの追究をしていくことです。

もし、満足できる業績に至らなかったならば、新組織によるセグメント計画に関して、その企業内の責任者にヒアリングを行います。その問題追究の中で、原因が明らかになります。

そして、評価・確認を通して、各段階で設定された課題・問題点を解決していきますし、また、戦略目標自体の再設定や業績・行動管理指標、アクションプランの再設定を行いながら、A（Action）

を実行し、PDCAサイクルを何回も回していくことがポイントになります。

　経営改善計画を、このモニタリング制度、すなわち目標管理制度と連携させ、定量的・定性的な業績・行動管理の指標を設けることが重要です。この指標によって、部門・事業所別の損益管理（管理会計）の整備、それらと連動した人事評価制度の構築にもつなげることができるからです。透明で客観性がある人事評価制度を設けることによって、従業員の目標達成意欲・モチベーションも高めることが可能になります。これを数値化できれば、一層評価可能な諸制度に高めることになります。

　このように、経営改善計画の概要について述べてきましたが、さらに金融庁では、債務者区分にからめて、不良債権先から卒業することを目指した「実現可能性の高い抜本的な経営改善計画【実抜計画】」を公表しています。

② 「実現可能性の高い抜本的な経営改善計画【実抜計画】」
　返済猶予中の企業よりもさらに厳しい状況にある企業については、一層ブラッシュアップした計画を作成する必要があります。この計画は、「金融機関向けの総合的な監督指針」に明記されており、前述した通り「実現可能性の高い抜本的な経営改善計画」といいます。この「実現可能性の高い抜本的な……」は、一見、「厳格な……」と同義のように思われますが、金融庁や金融機関では下記のような具体的な意味を持たせています。

（1）　計画の実現に必要な関係者との同意が得られていること
（2）　計画における債権放棄などの支援の額が確定しており、当該計

画を超える追加的支援が必要と見込まれる状況ではないこと
（3）　計画における売上高、費用及び利益の予測等の想定が十分に厳しいものとなっていること

　また、「抜本的な……」の言葉は、「概ね5年以内（5～10年以内で概ね計画どおり進捗している場合を含む）に当該債務者が正常先となる経営改善計画が策定されていれば破綻懸念先から要注意先以上へのランクアップが認められる」ということを意味します。
　ということは、この「実現可能性の高い計画」とは、実務的には次の点を押さえておかなければなりません。すなわち、
（1）　この計画を実行に移すにあたり、取引のあるすべての金融機関が計画の内容や実現可能性について同意を得なければならないということです。実務的には、この計画を各金融機関に提出して、その後にこの計画を吟味したすべての金融機関から了解を得なければならないということです。たとえば、一つの金融機関から「NO」の回答があった場合、この計画は「実現可能性の高い抜本的な経営改善計画」にはなりません。すなわち、協調融資を行っているすべての金融機関が自行庫並びに他行庫の返済方法と金額を明記した「各金融機関別返済計画」までを了承していなければ、「実現可能性の高い抜本的な経営改善計画」にはならないということです。
（2）　金融機関などから、仮にDDS（債務の資本性貸出化）・DES（債務の株式化）・債権放棄などの支援が決定され、その金額を含めた計画が策定された場合、その後さらにこの計画における支援額を超える追加的支援が必要と見込まれる状況にあるときは、この計画は実現可能性の高い抜本的な経営改善計画にはならないとい

うことです。

(3) この計画における売上高・費用および利益の予測等の想定が、十分に根拠のあるものであり、極力現在のデフレ傾向や不景気を勘案して保守的なものであることがポイントになります。その企業の外部環境・内部環境・経営資源・組織などの実情を総合的に考えて妥当であり、十分に保守的で厳しいものとなっていることがポイントになります。最近では、多くの経営学やマーケティングの理論・フレームワークが一般的になっており、企業の実態に沿った将来の売上高や費用の予測はこれらの理論・フレームワークを活用するケースも多いようです。

このような観点から、「実現可能性の高い抜本的な経営改善計画（実抜計画）」は、上記(1)における「各金融機関別返済計画」の了承を条件にしますから、なかなか同意が難しいと言われています。したがって、中小企業にとってはかなり目線が高く、事務的にも負担の大きい計画になります。

### ③ 取引先に対する実抜計画の策定指導は貸出担当者には未だに難題

金融円滑化法で返済猶予先が約40万社になり、これらの先に正常返済を早急に付与しなければならなくなった頃より、金融機関の貸出担当者には、精度の高い経営改善計画や実抜計画の策定支援を求められるようになりました。

しかし、金融機関担当者としては、現実問題として、これらの計画策定はなかなかできませんでした。前掲の経営改善計画策定プロセスの図に示したとおり、この計画策定には「地域貢献や雇用維持などを含んだ経営理念・ビジョンなどの取引先の長期展望」や「外部環境分

析や内部環境分析などの事業DD（デューデリジェンス・調査）の検討」また「技術力・販売力に関する取引先企業の現場責任者へのヒアリング」なども実行しなければなりません。

　金融機関の貸出担当者は、多くの担当先を持っていて、種々の商品の販売ノルマもあるほかに、金融機関という大きな組織の一員として、内部統制や各種報告書の作成また店内の情報共有のための会議も多いのです。ここまでの専門的な知識やスキルを習得して、実際に取引先を訪問してコンサルティングなどを行う時間的な余裕はありません。その上に、このコンサルティングや経営改善計画策定支援業務は、借手中小企業を訪問して季節の挨拶を行うようなレベルのものではなく、営業部や工場、研究セクションなどと突っ込んだ情報交換やヒアリングを行ってその担当者がそれぞれのセクションの特徴・強み・弱みなどを文書化しなければなりません。特に、複数の金融機関のすべてが満足し、計画策定後の効果的なモニタリングにも耐えられるような経営改善計画を策定することは、実際、極めて難しいことです。

　企業内部にこの分野を得意とする人材がいないならば、この業務の支援を行える専門家に依頼することしか、解決策はありません。ほとんどの中小企業では、将来のキャッシュフローが算出できるような精度の高い経営改善計画を策定することは一般的には難しいことであり、専門家に依頼せざるを得ないものと思われます。多くの場合は、中小企業に寄り添い親密な関係にある認定支援機関や税理士などの専門家が、その中小企業の経営改善計画策定支援やコンサルティングを行うことになります。

　とはいうものの、貸出現場である支店担当者が「金融機関向けの総合的な監督指針」においては、取引先企業に対して経営改善計画の書き方やその内容を仕切ることになっており、コンサルティングやアド

バイスを行うことにもなっています。同時に、中小企業から提出された経営改善計画に対しても、貸出担当者としては適切な評価を行い、改善策を出すことにもなっています。実際は難しい状況にあります。このような状況の下、貸出現場の貸出担当者は、中小企業やその支援者である専門家と本部審査部のメンバーの間に入って、ストレスをためてしまうことが多いようです。

　ただし、今後については、金融機関の担当者としては、すべてを自らが実行するのではなく、経営改善計画策定支援やコンサルティングを、いかに中小企業やその支援者の専門家に依頼するかが大切です。一方、その提出される成果物をどのように評価し、改善のためのアドバイスをいかに行うかということについては、早急に習得しておかなければならないと思います。

## 2　コンサルティングに必要な経営学のフレームワーク的考え方

**【貸出現場における会話】**

経営者：最近の銀行の貸出担当者は中小企業にコンサルティングを行ってくれると聞きますが、本当にコンサルをしてくれるのですか。

銀行担当者：「中小・地域金融機関向けの総合的な監督指針」という金融庁のガイドラインで、銀行の担当者は「顧客企業のライフステージ等を見極めた上で、そのライフステージ等に応じて、適切・最適なソリューションを提案する」といわれています。しかし、その顧客企業のライフステージ等の見極めも、ソリューションの提供についても、なかなかイメージが湧かないので困っています。

経営者：確かに、中小企業へのコンサルティングはそれぞれの企業で千差万別であり、なかなか銀行の担当者には難しいと思いますね。

実際、ライフステージ等の見極め・ソリューションの提供についても、プロの中小企業診断士であろうとも、相当の期間、企業の内部に入り込んで初めてできることですよね。

銀行担当者：私としても、何とかコンサルティングをやろうとしているのですが、多くの商品販売のノルマがある上に、担当先は50社を超え、しかも中小企業の大半は複数の金融機関との取引であるために、時間的にも他行調整の面でも思うようにお客様へのアプローチができません。申し訳なく思っています。

経営者：おっしゃることはよくわかります。実際、その総合的な監督指針を読みましたが、金融庁も言っているとおり、金融機関の担当者の方々は外部専門家や外部機関等との連携を組まなければ、そのソリューションはなかなか実行に移せないかもしれませんね。

銀行担当者：そこで、まずは、私どもとしては、「顧客企業のライフステージ等を見極めること」からスタートしたいと思っています。そのためには、基本的な経営学のフレームワークを習得して、顧客企業の実情を十分に把握することが大切であると思っています。

経営者：私どもとしても、毎日の日常業務に埋没してしまい、なかなか自社について冷静に見つめなおすことはできません。経営学のフレームワークとしては、辛うじて強み・弱み・機会・脅威の分類をベースにする「SWOT分析」程度しかやったことはありません。もし、経営学のフレームワークについて銀行さんが学習するならば、ぜひ、当社をその対象先に使っていただければと思います。そして、いろいろな業界の企業と接してビジネスの広い知識をお持ちの銀行の貸出担当の方々が、フレームワークのスキルを駆使すれば、その分析の結果は一般的なコンサルタントとは異なるものになると思います。ぜひとも、教えていただきたいと思っています。

銀行担当者：その節はよろしくお願いします。また、外部と連携を組むことになったときに、我々金融機関の保有する情報を外部専門家や外部機関等の皆様にお渡しする場合、このフレームワークを習得していれば、その情報は効果的に活用することができるようになります。両者で情報共有できれば、金融機関の外部連携も円滑に進むものと思います。

### 解説

金融機関の貸出担当者ならば、企業の決算分析はお手の物であり、決算書のスコアリングシート分析や財務指標分析も手慣れていると思います。そのなかでもB/S（貸借対照表）の分析は抵抗なく行っていると思います。しかし、P/L（損益計算書）については、「費用の削減」要請への発言は取引先に強く言うものの、売上や費用の突っ込んだ原因分析は手薄になっているように思われます。特に、経営改善計画や経営力向上計画における売上・費用の予想値の根拠については、分析が足りないことが多々あります。この分野の補強こそ、経営学のフレームワークの習得がポイントになると思います。

### ① 取引先企業のP/Lの検討の第一歩はSWOT分析が一般的

貸出担当者は、取引先の業績を見る場合、一般的にはP/L（損益計算書）を見た後に、B/S（貸借対照表）を見るようです。P/Lで企業の動態把握を行い、売上や費用の変動で企業の足元の動きを類推します。P/Lの収益で、すでに静態把握を行っているB/Sへの影響を見ていきます。企業再生案件においても、まずはP/Lを見て収益見通しを確認してから、B/Sにて「選択と集中」などの構造改革に進んでいきます。P/Lがどうしても赤字から抜け出せない場合は、いくらB/S調

整を行っても、再生の可能性は限られてしまいます。このように、企業の実態と今後の動向を見る時は、P/Lの売上と費用をまず把握していきます。

経営学のフレームワークにおいても同様に、まずは売上の増強、次に費用の効率化へと考察を進めます。そのフレームワークのうちでも、最も広く知られている手法はSWOT分析で、この名称を知らなくとも「強み・弱み・機会・脅威」の「事象分けから種々の方針決定へのプロセス」は一般化されています。

では、これからSWOT分析の事例について、以下の金融機関の上司と部下の会話から入っていくことにします。

支店の貸出担当者は、上司に対して、「当社は2期連続赤字を出していますが、来期は黒字になると思います。社長も断言していますし、貸出をしたいのですが。」と言いますと、

その上司が、「2期連続赤字の原因は、明らかになっているのですか。どのような対策で来期は黒字にするのですか？」と、突っ込みます。担当者は立往生をしてしまいました。

また、同様にある担当者は、「当社は毎期赤字であり、なかなか黒字になる見通しが立ちません。社長や従業員の皆さんは頑張っているし、当行の返済も社長が身銭を切って続けています。今回の貸出は、過去実績ピーク範囲内の金額ですから、融資したいと思います。」と言いますと、

その上司は、「当社の努力や社長の責任感はわかるけど、当社の業務内容は本当にマーケットに受け入れられているのですか。」と切り込みました。そこで、その担当者は、「そうですね。当社の同業者は、コンビニエンスストアに業種転換をしていますね。もう一社は、OA

機器の販売店に転換していますね。」と弱気の発言になりました。その自信のない発言に、上司は「同業者が業種転換を行っているならば、当社も何らかの工夫をして、具体的な黒字化対策を講じる必要がありますね。担当者として、どのようなアドバイスを行っているのですか。」

　このような貸出担当者と上司の会話は、金融機関の支店などでよく見られます。この担当者が、SWOT分析の手法を身につけていたならば、担当企業に対して「強み・弱み・機会・脅威」などについて、前もって頭の中で整理できていたと思います。この内容をさらに突っ込んで、「企業の業務・事業の背景や経緯、数値の裏付け、また現状の課題や対策、そして、将来の損益状況の見通し」まで広げていたならば、この担当者は上司の基本的な質問に対して、自信を持って、時には具体的な数値を示しながら、明快な回答ができたものと思います。次にSWOT分析の概要と実例を示しましたので、ご参考にしてください。

②　P/Lの検討はSWOT分析から外部環境分析・内部環境分析へと進める

　「SWOT分析」が、金融機関として取引先の実態把握に最も広く活用されていますが、外部環境分析としては、「PEST分析」と「ファイブフォース分析」また「3C分析」が広く知られ、内部環境分析は、「バリューチェーン分析」が一般的に使われています。そのほかにも、経営戦略などの分析のフレームワークは、「バランスト・スコアカード分析」など、多くの分析手法があります。

　実際に、最近の中小企業経営者は、商工会議所や商工会、また業界団体の講演会・研修会などに参加して、これらの基本的な経営学のフ

レームワークを理解していますし、税理士や認定支援機関の多くの方々も、当然ながら、よく知っています。貸付担当者としては、今後、事業性評価融資の推進を行うにあたり、企業や事業の内容を知り、その成長可能性を把握しなければなりません。そのためには、取引先企業や顧問税理士・認定支援機関などの支援者から、これらのフレームワークの分析資料の提出を求めたり、その資料の有効活用を実践しなければなりません。

　貸出担当者としては、少なくとも、基本的な「経営学のフレームワーク」の内容についての習得は欠かせないものと思います。以下にその概要を述べますので、取引先への分析資料提出依頼やその資料への簡単なコメントを行うことを想定して、読み進んでいただきたいと思います。

### ア）SWOT分析

　SWOT分析とは、強み（Strength）、弱み（Weakness）、機会（Opportunity）、脅威（Threat）の4つの視点から企業を取り巻く外部環境と内部環境を分析し、自社のとるべき戦略や施策を考察する手法です。

　外部環境では、マクロ環境や競合他社、顧客・取引先、新規参入業者、供給業者等の状況を分析し、今後の事業活動においてのプラス要因（機会）・マイナス要因（脅威）を把握します。

　内部環境では、自社の強み（競争優位性）・弱み（経営課題）を認識します。ただし、機会と脅威、強みと弱みは表裏一体であり、特に外部環境における脅威は自社の強みにより機会となりえますし、機会は弱みによって脅威にもなりえる点は気をつけないといけません。逆もまた然りです。SWOT分析における戦略策定の場合には、

上記の点に留意しつつ、何度も検討を重ねて戦略を練り直す作業が必要です。

- 自社の強みを活かし、強化する

　市場の機会に対して自社の強みを活かす、あるいは市場の脅威を自社の強みによってものにする（または回避する）ことは可能か、また自社の強みを活かして他社の弱みを攻撃することはできないか、といった視点で戦略を策定します。

- 自社の弱みを克服し、補完する

　自社の弱みを克服することによって、市場の機会をものにできないか、また、自社の弱みによって脅威となっているものを弱みとして克服することで回避できないか、あるいは、自社の強みを活かして弱みを補完できないかといった観点で、戦略を策定する必要があります。

　たとえば、あなたの会社が中小家電製造業であるとしましょう。そこで、今まで売れなかった扇風機の経営戦略をいかに考え、その売上・費用の予想をどのような数値にするかということを検討していると想像しましょう。

### イ）外部環境分析

　企業の外部環境を分析する上で欠かせないのは、「マクロ環境分析」と「事業構造分析」です。「マクロ環境分析」は、企業を取り巻く政治・経済・社会・技術等における今後の変化を予測し、売上予想に欠かせない情報になります。「事業構造分析」は、その企業に関係する顧客・競合・供給業者・代替品・参入障壁等の経営環境・事業環境を分析し、売上ばかりではなく費用予想にも重要な情報と

## ▼SWOT分析の検討表の例

| 外部環境 | 機会 | 脅威 |
|---|---|---|
| 顧客動向 | 小家族化や節電ブームの浸透でニーズが堅調 | エアコンのニーズの復活 |
| 競合動向 | 大手企業の扇風機ラインの破棄 | 大手企業の扇風機製造体制の再構築 |
| 市場環境 | 電力料金引上げで節電商品としてニーズ拡大 | 冷夏によるニーズの低下 |
| マクロ環境 | 家電専門店・量販店・リフォーム業者などへの販売チャネル拡大 | 円高による中国・開発途上国からの安価商品の大量輸入 |
| 内部環境 | 強味 | 弱味 |
| 購買 | 部品メーカーの見込み違いで、ファン等部品の値下がり | 倉庫スペースが狭く、低廉部品の補充できず |
| 製造 | 自社の換気扇製造ラインの活用可。自社工場での材料製造から検品梱包まで一貫対応を行っている | 製造パート人材の不足<br>製造加工機が古く、時々故障する |
| 販売・マーケティング | リフォーム部品納入チャネルあり大手家電専門店に展示コーナーを持っている | 販売チャネルが少ない |
| アフターサービス | クレーム処理態勢が確立 | 修理体制が未整備 |
| 全般管理 | 経営者は地元の名士であり、業界の重鎮 | 社長の高齢化で後継者がいない |
| 人事・労務管理 | 福利厚生施設は充実し、正社員のモラルは高い | 正社員の高齢化で人件費コストアップ<br>技術・技能の継承が不十分 |
| 技術開発 | 地元大学の工学部との親密連携 | 新人技術者の採用をしなかったため、現在技術者不足 |
| 資金調達 | 経営者の個人資産が多く、担保物件は豊富で、資金調達力大 | 政府系金融機関の取引が多く、民間金融機関の短期運転資金調達ルートが弱い |

なります。

　自社の置かれているマクロ環境を把握するためには「PEST分析」、事業構造すなわち業界ごとに競争環境の要因を探るためには「ファイブフォース分析」「3C分析」が役立ちますが、これらは自社の置かれている市場環境・競争環境を見つめ直し、事業を「選択と集中」で峻別して、種々のデータを活用します。外部環境分析により企業やその中の事業に対する市場のニーズが明らかになり、売上・費用の予想や収益環境、また将来キャッシュフローの見通しになります。

### マクロ環境分析（PEST分析）

　マクロ環境分析は、政治・経済・社会・技術革新等、その企業を取り巻く要因が今後どのように変化するかを予測するためのものです。たとえば、近年のIT技術等の進展により、消費者のライフスタイルが大きく変化し、過去の成功体験が通用しなくなることや、この業界の規制緩和によって新規参入が可能になり、業界の既存業者は競争が激化したということなどです。これらのマクロ環境の分析を怠ると将来の環境変化により計画自体が大きな方向転換を迫られる可能性があります。

　マクロ環境分析の手法としてはPESTのフレームワークが役に立ちます。政治的要因（Politics）、経済的要因（Economics）、社会的要因（Social）、技術的要因（Technology）の頭文字をとってPEST分析と呼ばれています。具体的な分析の切り口は以下を参考にしてください。

## ▼PEST分析の主な切り口

| 4つの要因 | キーワード |
|---|---|
| 政治的要因<br>（Politics） | ▶▶ 法規制—規制緩和、規制強化、金融緩和<br>▶▶ 税制—税制改革<br>▶▶ 貿易—貿易不均衡、WTO、FTA、保護貿易<br>▶▶ 公共投資—地域配分<br>▶▶ 改正労働者派遣法—正規・非正規社員、人材派遣<br>▶▶ 裁判—裁判員制度 |
| 経済的要因<br>（Economics） | ▶▶ 景気—景気悪化、世界金融危機、経営環境悪化<br>▶▶ 企業—雇用調整・創出、設備・人員の余剰感<br>▶▶ 物価—デフレ、インフレ、消費者物価指数<br>▶▶ 金利—金利政策、量的緩和、ゼロ金利政策<br>▶▶ 為替—為替レート、円高、円安<br>▶▶ 株価—日経平均株価動向、NYダウ動向<br>▶▶ マクロ経済動向、ミクロ経済動向 |
| 社会的要因<br>（Social） | ▶▶ 社会—格差社会<br>▶▶ 労働—就業形態の多様化、ワークシェアリング<br>▶▶ 教育—教育格差、ゆとり教育の見直し<br>▶▶ 健康—健康志向食品、長寿国日本<br>▶▶ 流行—ヒット商品、携帯電話、ゲーム機<br>▶▶ 環境—地球温暖化、環境問題、$CO_2$排出量取引 |
| 技術的要因<br>（Technology） | ▶▶ 技術革新（イノベーション）<br>▶▶ インターネット、ネット通販<br>▶▶ コンピュータ<br>▶▶ 半導体、液晶<br>▶▶ 医療、生化学—ips細胞、DNAチップ<br>▶▶ 資源—レアメタル、次世代資源 |

### ファイブフォース分析

「業界の事業構造」を分析する際に、よく使われるフレームワークがファイブフォース分析です。この分析は、業界を取り巻く関係者を包括的に分析し、その業界の収益性や業界の魅力度、将来性等を考察するためのツールです。分析にあたり、「企業再生への経営

改善計画」の作成対象企業の内容を思い浮かべながら参入障壁の高低、代替品（サービス）の存在や脅威、業界内の競争の激しさ、供給業者の交渉力の強弱、顧客（買い手）の交渉力の強弱の5つの観点から分析を行います。マクロ環境分析と合わせて、企業を取り巻く環境を分析することは、計画の売上・費用の予想や異常値の発見にも役立ちます。また今後の戦略的方向性を立案するのにも有効です。

▼ファイブフォース分析

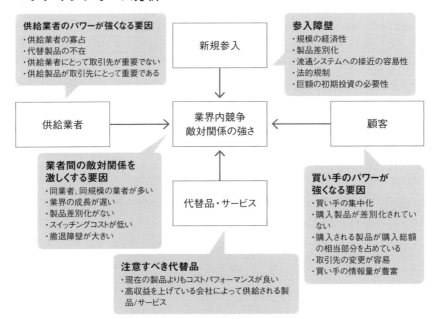

(1) **新規参入（参入障壁）**

① 規模の経済性

製品差別化の度合いが小さく大量生産によるコスト優位性が発揮されているような製品・商品を扱う業界では、新規参入をしても規

模の経済性なしでは収益性を確保できないため、算入のインセンティブは低くなります。

② 製品差異、ブランド力、顧客ロイヤリティ

　圧倒的な製品差異、ブランド力、顧客ロイヤリティを有する企業がいる業界では、新規参入を行っても競争に打ち勝つ可能性が低いため、参入のインセンティブは小さくなります。

③ 流通システムへの接近の困難性

　流通システムへ簡単に接近できないような業界では、参入障壁は高くなります。

④ 法的規制

　法的規制による許認可等の取得が困難な業界では参入障壁は高まります。

⑤ 多額の初期投資の必要性

　多額の初期投資が必要な業界では、参入障壁は高くなります。

(2) 代替品・サービス

① 既存製品・サービスの機能性とコストパフォーマンス

　既存製品と比較して高機能、またはコストパフォーマンスの高い製品・サービスは既存製品・サービスにとって脅威となります。

② 高収益を上げている企業によって供給される製品・サービスの存在

　高収益を上げている企業により供給される製品・サービスは、最新鋭の生産ラインの投入等で大量生産によるコスト優位を発揮しやすく、そのため、競合する製品・サービスにとって脅威になります。

③ スイッチングコスト

　顧客が既存製品・サービスから代替製品・サービスに切り替える

コスト（金銭的コスト・時間的コスト・投資の必要性・心理的抵抗等）が高い場合には、代替製品・サービスの脅威は弱まります。

### (3) 業界内競争・敵対関係の強さ

① 業界の成長速度

業界の成長速度が遅い場合は、競合企業が多くなり、競争は激しくなります。

② 製品差異、ブランド力、顧客ロイヤリティ

製品・サービスの差異性があまりない場合やブランド力・顧客ロイヤリティの差があまりない場合は、当然のことながら競争が激化します。

③ スイッチングコスト

顧客が代替品への変更が容易な場合は、価格競争となり競争が激化します。

④ 撤退障壁

撤退する際のコスト（金銭的コスト・時間的コスト・心理的要因等）が高いと業界から撤退する企業が少ないため、競争が激化します。

### (4) 供給業者

① 供給業者の寡占状況

供給業者が寡占化していると供給業者の交渉力が強くなります。

② 供給製品の代替性

供給製品に代替性がない場合は供給業者の交渉力が強くなります。

③ 供給業者の取引先の重要性

供給業者にとって買い手が少ない場合は供給業者の交渉力は弱く

なります。

(5) 顧客（買い手）
① 買い手の業界の寡占状況
　買い手が寡占化していると買い手の交渉力は強くなります。
② 供給業者変更の容易性
　買い手にとって供給業者の変更が容易な場合は、買い手の交渉力は強くなります。
③ 買い手の情報量
　買い手の情報量が多い場合は、買い手の交渉力が強くなります。

　企業の製造現場・販売現場、また製品や商品の内容をイメージしながら、これらの5つの項目の分析を行うことが重要です。そして、売上の増加が最も見込まれる項目に対して、さらなる販売の工夫などを加え、売上予想に反映することが大切です。

### 3C分析

　市場分析と競合分析、自社（内部環境）分析から重要成功要因（KSF；Key Success Factor）を見つけ出し、自社の戦略に活かす分析をするフレームワークです。3Cは、「市場（customer）」「競合（competitor）」「自社（company）」の頭文字です。「市場（customer）」「競合（competitor）」については以下で説明しますが、「自社（company）」は「ウ）内部環境分析」に譲ります。

(1) **市場（顧客）分析**
　市場分析は、自社の製品やサービスに対して購買する意思や能力

のある潜在顧客を把握することです。これは、売上・費用の予想に直接貢献するものです。具体的には、市場規模（潜在顧客の数、地域構成など）や市場の成長性、ニーズ、購買決定プロセス、購買決定者といった観点で分析します。分析を通して顧客をセグメントし、自社の強みが生きる顧客、または競合に対し競争優位を保てる顧客を明確にします。

### (2) 競合分析

　競合分析では、競合他社との差別化の可能性を探るために、寡占度（競合の数）、競合他社の競争優位性、収益性、戦略的方向性、経営資源（人・物・金・情報）や構造上の強みと弱み等を分析します。

　後述しますが、内部環境分析の強み・弱みの把握は、顧客ニーズに合っているかという点と競合他社と比較して競争優位性があるかという点を考察しなければなりません。特に強みは、製品・サービスの差別化要因をつくりだすものです。

　たとえば、自社が強みだと考えているものでも、その強みの結果つくりだされた製品・サービスが顧客ニーズにそぐわないものでは、売上は増加しません。いろいろな機能を付けたボールペンがヒット商品にならないのは、このためかもしれません。また、競合他社と比較して同等程度である、または容易に模倣されるような製品・サービスでは、競合他社にシェアを奪われてしまいます。アイデア商品の寿命が短いと言われるのは、この要因が大きいようです。

　強み・弱みを上記2点から考察するためにも、競合分析をしっかりと行う必要があります。

　また、競合分析により、市場での他社と比較した際の自社のポジ

ションを把握することにより、将来の売上の予想を明確にすることができます。そして、今後の戦略的方向性を得ることができます。

競合分析の手順は、まず競合相手を特定し、その後、競合企業の評価を行うのが一般的です。

**ウ）内部環境分析**

内部環境分析は、計画の実現可能性を高めるためにも重要です。「バリューチェーン分析」等を行いながら、多面的に企業を分析し、問題点の核心や問題解決の優先順位を明確にすることもその一つです。

この分析においては、単に定量面の調査では不十分です。技術力や営業・マーケティング力、経営陣の意思統一、従業員のモチベーション水準等の定性分析をする必要があります。金融庁も、金融検査マニュアル別冊（中小企業融資編）で、中小企業の評価において定性分析の重要性を強調しています。また、後述する「事業性評価」においても、定性要因の重視を行っています。

一方、内部環境は外部環境と比較して経営者がコントロールできる部分が多いものです。したがって、内部環境を冷静に把握することができれば、費用面の正確な予想ができ、それだけ実現可能性の高い計画が立てられ、将来キャッシュフローも見えてくることになります。

> バリューチェーン分析

この分析は、その企業が提供する製品・サービスの川上（企画開発・購買等）から川下（販売・アフターサービス等）までのどこで付加価値または競争優位性を生み出しているかを分析するものです。

付加価値こそ、売上増加や利益増加の源泉です。

　企業活動を9つの価値創造活動に切り分け、5つの主活動（購買物流、製造、出荷物流、販売・マーケティング、サービス）と4つの支援活動（全般管理、人事・労務管理、研究開発・技術開発、調達活動）に分解します。事業は、経済・社会環境等のマクロ環境や顧客、競合、供給業者等の外部環境、人・物・金・情報等の経営資源、また多様な活動から影響を受けます。そのため、事業を細分化することによって、それぞれどこに強み・弱み等が存在するのかを分析することができるのです。

▼バリューチェーン分析

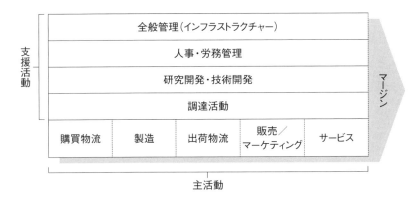

―― 結論 ――

　P/Lの検討は、今後の売上や費用の予測の論理を、SWOT分析・外部環境分析・内部環境分析における各フレームワークによって明確にすることで、かなり掘り下げることができます。この経営学のフレームワークは、経営学者の先人たちによって、多くのものが公表されていますが、まずは、ここにお示しした5つの基本的なフレームワーク

を習得することをお勧めします。

　金融機関の貸出担当者として、今後は、取引先にこれらの「経営学のフレームワーク」分析資料の提出を依頼することもできますし、提出された分析資料に対するポイントの把握やそのコメントもできるようになります。稟議書の起案者として、本部審査部などのメンバーに対する説得力が高まります。取引先の売上・費用の予測は十分に根拠を示し、納得性のある論理を展開することができると思います。ただし、このフレームワークは一読ではなかなか漠として掴みにくいものですので、日々の業務経験を繰り返し、身につけることが大切だと思います。

　中小企業の経営者は、そのほとんどは、P/Lの売上や費用の動向に一喜一憂しています。ここで述べた、経営学のフレームワークについて、金融機関の担当者が現実的な視点で、実例を挙げながら解説することは、たいへん喜ばれることです。

# 第Ⅱ部
## 事業性評価融資

# 第4章 事業性評価融資とは

　現在の金融機関では、中小企業経営者や財務責任者と直接に接する貸出担当者との間で、ねじれ現象や複数行取引の制約、また担当者の新知識の習得不足などのために、必ずしも円滑な関係が保たれているとはいえません。このことは、中小企業経営者の融資申込みに対して、相互に満足できる交流や情報交換ができていないということです。金融機関は中小企業に対し融資残高を伸ばしたいと思い、中小企業は融資を円滑に取り込みたいと思っていながら、双方の意向がかみ合わない状況にあります。

　この両者のすれ違いを解消するものが、「事業性評価融資」ということになります。従来の銀行本部・融資部などで決められた融資範囲が広がり、中小企業への資金投入量が増加できるようになるかもしれません。

　中小企業は従来、将来のキャッシュフロー予想が明確にならなければ取り合ってもらえなかった融資が、金融機関が事業内容やその成長可能性を高く評価することができれば、導入することができるようになるのです。いまだ、この事業性評価という概念が確立していませんが、多くの事業を包含する企業において、事業内容が良く成長可能性のある事業が一つでもあれば、その企業への融資の実行を行うというものです。すなわち、きらりと光るような事業があれば、従来の保守的な融資目線を引き下げても、その事業の成長に寄与して企業の発展を支援しようというものです。

とにかく、金融庁は、金融機関と借手中小企業の意思疎通を拒む要因を取り去る切り札として「事業性評価融資」を2015年9月の「金融行政方針」に登場させ、本腰を入れて、このねじれ現象を改善しようとしています。このエンジン役が「事業性評価融資」であり、「事業の内容とその成長可能性に軸足を置く融資許容範囲を広げた融資」のことです。

この「事業内容」とは何か、「成長の可能性」とは何か、ということについては、まだ銀行担当者や中小企業経営者などの間では共通認識ができていないものの、金融検査マニュアル別冊（中小企業融資編）の27事例の定性要因重視の延長線にある融資と解釈できます。技術力・販売力・経営者の資質・地域貢献などの成長可能性のある事業があれば、他に企業の足を引っ張るような悪材料がない限り、金融機関は腹を据えて支援しようという融資です。

そこで、私はこの問題に対して、思い切った割り切りで、従来の金融機関の審査のプロセスをベースにしながら、事業性評価融資について次のように答えることにしています。

「事業内容とは何か」とは、金融検査マニュアル別冊（中小企業融資編）の事例で述べられているような事業であると答えています。「事業の成長の可能性とは何か」とは、過去の決算書には現れなくとも、計数トレンドや外部環境・内部環境に沿った成長可能性のある事業のことと答えています。すなわち、従来の金融機関の行ってきた審査プロセスの中で、金融機関の保守的な見方によって削ぎ落とされてしまった要件の復活と、経営改善計画策定における事業DD部分の復活を、事業性評価として取り上げる融資を事業性評価融資と解釈しています。

まだ融資件数の少ない頃の金融機関の貸付課や融資係は、個人の非

事業資金融資も扱っていました。この非事業資金とは、住宅ローンや教育・マイカー融資などの継続性がなく収益を意識しない資金（ニーズ）を言います。しかし、収益を求め継続的に発生する企業活動に結び付く貸付けや融資が増加し、これらの事業貸付け・事業融資を徐々に貸付課・融資係が絞り込んで担当するようになりました。非事業資金融資は別のセクションが専門的に行うようになりました。したがって、現役の銀行員は「事業性評価融資」と「事業資金融資」の区別はつかないものと思います。すなわち、事業性評価融資とは、言い方を変えれば「非事業資金以外の融資を積極的に採り上げること」ということかもしれません。

そこで、この章では、事業性評価融資を事業の内容と成長可能性によって、その輪郭や機能を浮き彫りにしながら、事業性評価融資の概念を、現在の金融機関の融資審査プロセスとの比較によって明確にしていきます。

まずは、「融資審査プロセスとの比較」で審査プロセスの俯瞰図を見てもらい、次に、「金融検査マニュアル別冊（中小企業融資編）との比較、資本性貸出金との比較、ABL・コベナンツなどの担保・引当制度との比較、リレバンの審査制度（エリア審査）との比較」によって、この概念を詳しく述べていくことにします。

## 1 ▶ 融資審査プロセスとの比較

従来の審査プロセスは、第一に、企業自身の直近決算報告書の財務データによって「定量分析」を主体にした「企業審査」を行っていました。財務データや財務指標による標準的な統計値や傾向値、また予測値を参考にして、取引企業の実態や将来の成行きを見通して、企業

の審査や評価を行うことでした。ただし、中小・零細企業については、大企業と同様な定量分析の評価をすると、不利な評価になってしまうということで調整をすることになりました。自己資本や売上金額、また自己資本比率で低く評価されたり、少額融資金額によるリスク分散で金融機関の与信リスクが低下することが反映されないということで調整できることになったのです。

　そこで、金融検査マニュアル別冊（中小企業融資編）に沿って「定性分析」を行い、債務者区分や格付評価のランクアップを行うことが認められました。個別事例に出てくる企業の場合、その定性要因の分析で、企業審査・評価をランクアップすることが、この金融検査マニュアル別冊（中小企業融資編）では示されました。しかし、実情は第Ⅰ部で述べたように、保守的な空気のある金融機関内では、定性分析によるランクアップは、なかなかやりにくいという現実がありました（融資プロセスの全体像は95ページ、定量分析は101ページ、定性分析は100ページの各図をご参照ください）。

　次に、企業活動に包含されるそれぞれの事業に関して、主にキャッシュフローの「事業審査」を行っていました。各金融機関とも、短期・長期のマネーフローに関する返済の蓋然性の評価は実績を積んで、内部の稟議書などに報告フォームを固めていました（稟議書サンプルは93ページ、マネーフローの図は115ページをご参照ください）。しかし、返済のない「資本的資金充当貸出」（最近では資本性貸出といいます）については、確立した稟議書フォームもなく、この融資に対する承認の実績はほとんどありませんでした。

　金融検査マニュアル別冊（中小企業融資編）では、事例18・19・20・27がこのケースに該当しますが、金融機関では、まだまだ定着した「事業審査」のフォームもありませんでした。とはいうものの、

この事業審査は必ず行われるものであり、審査における中心的な位置付けにあるものです。企業審査で、スコアリングシートの評点がどんなに高く、債務者区分が正常先で格付が高水準であろうとも、この事業審査によって、満足できる評価が出ない限り、貸出の実行は叶いません。

その次の工程は、「企業審査」や「事業審査」で貸手金融機関が、返済の蓋然性に自信が持てない場合などにおいて、「担保・保証チェック」を行うことになっています。この担保や保証については、そのほとんどが「従来型の固定資産担保」であり、定期預金や不動産・株式などの資産が担保の対象です。

金融機関としては、融資対象企業の業績悪化で返済が覚束なくなった時に、これらの資産ならば容易に現金化ができて貸出金の回収ができるからです。担保としては、「流動資産担保」や「コベナンツ」という新しいものも大企業においては通用していましたが、中小企業への融資においては、現金化への不安からか、これらの担保徴求はほとんどありませんでした。

金融検査マニュアル別冊（中小企業融資編）では、「実質同一体支援」「外部機関支援」、「（潤沢な）キャッシュフロー」など決算書に現れない「潜在返済力」で信用力を評価されていました。これらの企業が、その潜在返済力を維持することで、広義の「担保・保証チェック」をクリアできるとみなされていました。金融検査マニュアル別冊（中小企業融資編）の事例1・2・3・4・10・15・27が、その定性要因によるランクアップの事例となっています。

そして、上記の3工程の審査においても、やはり金融機関が返済の蓋然性に自信が持てない場合などは、リレーションシップバンキング・地域密着型金融の考え方に沿って、地域全体における企業の存在価値

や、面的な視野に立った地域への貢献度を評価する審査（エリア審査（p.132参照））で融資の決定を行うことになっていました。

実際には、このエリア審査などで融資実行を決めるようなケースは、今まではほとんどありませんでしたが、最近は「まち・ひと・しごと創生本部」や、「内閣府・中小企業庁・金融庁が公表した政策パッケージ」、経済産業省が主導する「ローカルベンチマーク」などで足並みを揃えて、いわゆる「エリア審査」や「地域連携」の評価を強く勧めるようになっています。これらの評価については、金融庁は各地域金融機関に通達や広報誌を通して、実際に運用を勧奨しています。

▼金融機関内部の稟議書の典型的フォーム

| 貸出の種類 | 金額 | 利率 | 期日 | 返済方法 | 資金使途 |
|---|---|---|---|---|---|
|  |  |  |  |  |  |
| 担保 | | | | | |

| 貸出内容 | 現在残高 | 利率 | 毎月返済額 | 引当 | 当初金額 | 期日 |
|---|---|---|---|---|---|---|
| ① | | | | | | |
| ② | | | | | | |
| ③ | | | | | | |
| ④ | | | | | | |
| 合計 | | | | | | |

| 財務内容 | |
|---|---|
| 損益状況 | |
| 財務比率 | |
| 所見 | |

| 支店長 | 副支店長 | 課長 | 担当 | 副審査役 | 審査役 | 次長 | 部長 | 取締役 | 専務・常務 | 副頭取 | 頭取 |
|---|---|---|---|---|---|---|---|---|---|---|---|
| ○ | ○ | ○ | ○ | ○ | ○ | ○ | ○ | ○ | ○ | ○ | ○ |

以上の審査プロセスは、各金融機関とも行内（社内）の稟議書に反映させています。この稟議書の記載の内容をざっと上段から見ていってください。

- 最上段は、事業審査のチェック項目で、各事業におけるキャッシュフローを確認することができます。資金使途や返済方法は、将来のキャッシュフローを示唆するものです。
- 第2段目が担保欄です。現金化しやすい資産ほど金融機関は求めます。
- 中段の財務内容・損益状況・財務比率の欄が、企業審査の定量要因を評価します。
- 所見欄には、融資申込みの経緯や特記事項が記入されますが、企業審査の定性分析やエリア審査の内容などもコメントされます。
- 貸出内容①②③という欄はすでに融資している貸出の明細です。ほとんどの金融機関では、この内容はオンラインで出力されます。多くの稟議書では、この貸出明細欄がもっとも多くのスペースを取ります。
- 最下段は回覧印を押す欄であり、ここには金融機関内部の審査ラインのポスト名が記載されています。融資審査ポストの序列を見ることで、その権限内容が明確になります。

## 2 ▶ 事業性評価融資の審査プロセス

　今後の「事業性評価融資の審査プロセス」においては、次ページの「金融機関の審査プロセス」の網掛け部分が、特に注目される項目です。今までの審査プロセスにおいては、この網掛け部分は融資実行の根拠としてはあまり重んじられなかった項目ですが、今後の事業性評価融

# 事業性評価融資とは 第4章

## ▼金融機関の審査プロセス

### ●第1プロセス

| 企業審査 | 第1行程 | 定量分析(財務分析)チェック=自己資本比率・債務償還年数など |
|---|---|---|
| | 第2行程 | 定性分析(金融検査マニュアル別冊)チェック=営業力・販売力など |

### ●第2プロセス

| | | 資金使途チェック |
|---|---|---|
| 事業審査 | 短期マネーフロー(主に「資金繰り実績・予想表」でチェック) | 1)仕入・在庫・販売<br>2)賞与・決算<br>3)正常なる運転資金 |
| | 長期マネーフロー(主に「資金運用調達表」でチェック) | 1)設備<br>2)長期運転資金<br>3)貸出構成修正<br>4)事業再生<br>5)経営改善支援 |
| | 資本的資金充当貸出(含、ファンド等) | 1)創業(成長)<br>2)業種転換<br>3)自己株式購入<br>4)M&A<br>5)事業承継 |

第1プロセス第2プロセスの審査でリスクが大きい時

| 担保・保証チェック |
|---|
| コベナンツ(財務制限条項) |
| 流動資産担保(ABL等) |
| 従来型固定資産担保(不動産・株式等、含定期預金) |

### ●第3プロセス(企業審査・事業審査不可の場合)

| | 大分類 | 小分類 |
|---|---|---|
| エリア金融審査 | ステークホルダーへの貢献度 | 消費者(顧客) |
| | | 仕入先 |
| | | 得意先 |
| | | 従業員 |
| | | 株主 |
| | | 債権者 |
| | | 地域住民 |
| | | 行政機関 |
| | | その他(       ) |
| | 地域貢献への当社の意欲 | 経営者等役員 |
| | | 従業員 |
| | | その他(       ) |
| | 地域・地元での当社への評価 | 税理士・会計士 |
| | | 商工会議所・商工会 |
| | | 学・官 |
| | | その他(       ) |

資の審査においては、必ず検討しなければならない項目にウェイトが高まります。

　金融庁は、個別案件の審査については、各金融機関の独自の判断に委ねる方針ですが、そのガイドラインで事業性評価融資の推進をここまで力説していることから、各金融機関としては重点を置かざるを得ません。山口フィナンシャルグループの山口銀行・もみじ銀行・北九州銀行は審査部を廃止して事業性評価部を新設したほどです。

　事業性評価が認められる事業が、その内容や成長可能性で認められた場合は、この網掛けの項目も同時に評価され、融資実行の承認が下りることになると思います。また、この事業性評価の項目によって、既存融資の返済の蓋然性が高まることが明らかになれば、返済猶予中の貸出も含めて既存融資に対する条件変更や条件緩和の決定も広く行われることになると思います。

　事業性評価融資は広義に解釈するならば、非事業貸出以外の融資のことで、繰り返される事業への立替え・つなぎ融資のことです。繰り返される事業であるならば、当然ながら、企業としては将来の収益見通しがあることから、事業内容や成長可能性は必ず評価しているものです。金融機関の担当者としては、種々の制約はあるものの、中小企業経営者や幹部、また企業に寄り添う顧問税理士などにとっては、この事業性評価は十分認識しているようにも思われます。

　では、この網掛け部分を鳥瞰的に見ていくことにしましょう。

　企業審査ならば、知識や情報を身につけ経験を積んだ「目利き力のある担当者」によって評価される「定性分析」がこの網掛け部分であり、融資判断のポイントになります。

　従来は、決算書に載せられた数値から直接引き出せる財務指標に

よって評価される「定量分析」が重視されていました。金融機関においては、企業や事業の現場にいない本部・審査部などの上位ポスト（職位）の者が、下位職位者が起案する案件に対して融資の可否を判断しますので、どうしても客観的な数値で表現される「定量分析」に信頼を置く傾向にありましたが、「事業性評価」は数値での評価は難しいことから、今後は「定性分析」の評価が尊重されるようになると思います。

事業審査においては、資金使途もキャッシュフローも明確に説明できない「資本的資金充当貸出」が融資判断のポイントになります。「資本的資金充当貸出」すなわち資本性貸出は、キャッシュフローが想定できず、返済期日を明確に決められない貸出ですので与信リスクが高い貸出と見られていましたが、事業性評価が認められ、情報開示が徹底されれば、そのリスク率は抑えることができると見られています。

従来は、資金使途が明確でキャッシュフローが明らかな「長期や短期のマネーフローの融資」の方が、返済財源の入金が見込めることから「企業の現場や事業の現場にいない本部のメンバー（または支店長）にも承認を出しやすい」ということで歓迎されていましたが、今後は返済期日が明確にならない融資も広がることになります。

「担保・保証チェック」においては、今後は、事業の現場や企業の内部管理まで把握している「目利き力の担当者」しか管理しにくい「流動資産担保」や「コベナンツ」が重視されるようになります。「従来型固定資産担保」は、金融機関の内部に担保物件を占有することであったり、登記において担保の権利が明確に認めやすいことから、本部の意思決定者（または支店長）は承認をしやすい担保・保証として扱いましたが、これからは、種々の事業性評価が認められるようになると

同時に情報開示資料も高度化されるようになり、「流動資産担保」や「コベナンツ」の情報もタイムリーに金融機関に伝えられるようになって、そのリスク率も抑えることができ、引当力も高まるものと思われます。

さらに、「リレーションシップバンキング」「地域密着型金融」に関する融資も融資判断のポイントになりました。2003年から現在まで、金融庁が機会あるごとに地域金融機関に導入を要請してきた「地域密着型金融」などに関する融資についても、貸出の現場から本部の意思決定者に申請する「稟議書」のような定型フォームが確立していなかったためか、なかなかこの融資は徹底されていませんでした。

本部の意思決定者（含む支店長）も、「リレーションシップバンキング」「地域密着型金融」の内容を評価して審査を承認するまでには、未だに至っていませんでした。ただし、最近では「まち・ひと・しごと創生本部」や「内閣府・中小企業庁・金融庁の公表する政策パッケージ」「ローカルベンチマーク」などで、「地域連携」が強く勧められるようになっています。いわゆる「エリア審査」のようなフォームやチェックリストなどを作成する金融機関も、徐々に多くなってきました。

金融機関としては、取引先を取り巻く経営環境の実態を把握し、生産性・効率性の向上、「雇用の質」の確保・向上に向けた取組み、また地域における自行の金融機能の高度化の必要性を検討するようになっています。金融機関等による「地域企業応援パッケージ」を策定し、産業・金融両面からの政府の支援等を総合的に実施し、企業のライフステージに沿った課題解決に向けた自主的な取組みを官民一体で支援するか否かを考えなければならないともいわれています。

とはいっても、この分野に関しては、まだまだ事業性評価融資の審

査は確立されているとはいえませんので、今後においての事業性評価融資の課題の分野ともいえます。

　すなわち、以下の①「企業審査」における「定性分析」、②「事業審査」における「資本的資金充当貸出」、③「担保・保証チェック」における「流動資産担保」や「コベナンツ」、④エリア審査の4つの項目は、事業性評価融資の判断を通して、各金融機関が独自に返済の蓋然性を高くみなして、今後は融資の実行や条件の緩和を決定することになっていくものと思われます。

## 3　事業性評価融資と金融検査マニュアル別冊（中小企業融資編）との比較

### ①　定性分析（事業性評価）による債務者区分の引上げ

　ア）金融検査マニュアル別冊（中小企業融資編）と事業性評価

　定性分析の具体的な事例は、金融検査マニュアル別冊（中小企業融資編）に集約されています。この金融検査マニュアル別冊の27事例による企業評価は、中小・零細企業を対象にした審査の意思決定プロセスです。今般、公表された事業性評価の対象企業は、中堅企業を含んだ中小企業全般を対象にしていますので、この事業性評価はすべての中小企業に対する審査プロセスということになります。

　とはいうものの、事業性評価はほぼ、金融検査マニュアル別冊（中小企業融資編）の事例に重なるものであり、その事例を事業性評価の事例と読み替えることもできると思います。したがって、この事業性評価についての概念は、2015年9月18日の金融行政方針で明確になっていますが、その内容は、以下の金融検査マニュアル別冊（中小企業融資編）の27事例が参考になります。

また、その後の図の『「中小企業格付」の全体像』において、定量分析による一次評価の債務者区分をランクアップする手法と同様に、金融検査マニュアル別冊（中小企業融資編）の重視項目を「事業性評価」の重視項目として読み替えることも可能になり、同様に、債務者区分をランクアップすることも可能になるものと思われます。ついては、以下の「定性分析項目別の類似事例分類表」も、「事業性評価」の参考資料に使えるものと思われます。

### ▼定性分析項目別の類似事例分類表

| | 定性分析項目 | 類似事例 | 補足・細目事項 |
|---|---|---|---|
| 将来返済力 | 営業力（販売力） | 7、8 | 8例は銀行との意思疎通を重視 |
| | 技術力 | 5、6 | 6例は銀行との意思疎通を重視 |
| | 経営者の資質（経営計画） | 11、12、13、14 | |
| | 経営者の資質 | 9、16、17 | （貸出条件履行等）特に9例は代表者個人の信用力 |
| 潜在返済力 | 実質同一体 | 1、2、3 | |
| | 外部支援度 | 4、15 | 4例は代表者の家族、15例は銀行の各支援度 |
| | キャッシュフロー | 10、28 | 10例は減価償却、28例は本業が順調 |
| 貸出条件緩和債権 | 元本返済猶予債権 | 19、20、21、22、23 | 19例はコロガシ借入、20例は短期継続融資、21例は法定耐用年数内期限、22例は信用保証協会で保全、23例は担保保証で保全 |
| | 同上（正常運転資金） | 18 | 18例は在庫借入 |
| | 卒業基準 | 24、25 | 24、25例は「合理的かつ実現可能性の高い経営改善計画」が必要 |
| | 資本的劣後ローン | 27 | 一定の5つの条件と合理的かつ実現可能性の高い経営改善計画 |

2008年11月7日の金融検査マニュアル別冊（中小企業融資編）の改訂で第25事例は削除され、2015年1月20日に第20事例が追加されました。
この追加に伴い、従来の20〜24事例は21〜25事例となり、第26事例が飛び番号になりました。
そこで、27・28事例は従来の26・27事例ということになっています。

## ▼「中小企業格付」の全体像

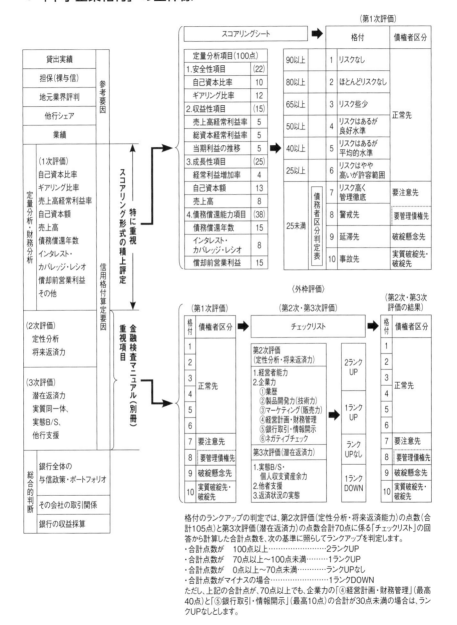

格付のランクアップの判定では、第2次評価(定性分析・将来返済能力)の点数(合計105点)と第3次評価(潜在返済力)の点数合計70点に係る「チェックリスト」の回答から計算した合計点数を、次の基準に照らしてランクアップを判定します。
・合計点数が　　100点以上……………………2ランクUP
・合計点数が　70点以上～100点未満………1ランクUP
・合計点数が　　0点以上～70点未満…………ランクUPなし
・合計点数がマイナスの場合……………………1ランクDOWN
ただし、上記の合計点が、70点以上でも、企業力の「④経営計画・財務管理」(最高40点)と「⑤銀行取引・情報開示」(最高10点)の合計が30点未満の場合は、ランクUPなしとします。

② 企業審査の一次評価先への技術力・販売力（営業力）・業種の特殊性などの事業性評価によるランクアップ事例

ア）技術力

　上記100ページの「定性分析項目別の類似事例分類表」における定性分析項目については、「事業性評価の項目」とほぼ重なるものです。それぞれの事例については、その「事業性評価」のポイントを突いています。

　たとえば、技術力は、金融検査マニュアル別冊（中小企業融資編）の事例5・6に詳しく述べられ、販売力（営業力）については、その別冊の事例7・8に述べられています。各事例ともに、「事業性評価」すなわち「事業の内容と成長可能性」を十分把握できるものになっていますので、 コメント ともども、ご参考にしてください。

---

（事例5）

✅ **概況**

　債務者は、当行メイン先（シェア100％、与信額：平成13年3月決算期100百万円）。代表者以下5名で家電メーカー向けのプラスチック用金型を受注生産する業歴20年を超える金型製造業者である。

✅ **業況**

　景気低迷による金型需要の低下や家電メーカーの生産拠点の海外シフト等から受注量が激減、売上の減少傾向に歯止めがかからず、毎期赤字が続き債務超過（前期末75百万円）に陥っている。当行は、工作機械購入資金や材料仕入資金等に応需しているが、このうち、工作機械購入資金については、条件変更による元本返済猶予が実施されている。

> ✅ **自己査定**
> 
> 　当行は、延滞もしていないほか、代表者及び従業員のうち2名は、この業界でも評判の腕前を持つ金型職人であり、今まで代表者が取得した特許権及び実用新案権が5件、従業員が出願中の特許権が2件あることなどから、今後も家電メーカーからの受注がある程度確実に見込まれると判断し、要注意先としている。

**(検証ポイント)**

技術力について

**(解説)**

1．中小・零細企業等の債務者区分の判断に当たっては、企業の技術力等が十分な潜在能力、競争力を有し、今後の事業の継続性及び収益性の向上に大きく貢献する可能性が高いのであれば、それらを債務者区分の判断に当たっての要素として勘案することは有用である。

2．本事例のように、業況不振により連続して赤字を計上し、債務超過に陥っている債務者については、今後、業況回復の可能性が低いと認められるのであれば、経営破綻に陥る可能性が高い状態にあると考えられ、破綻懸念先に相当する可能性が高いと考えられる。

　しかしながら、債務者の持つ高い技術力によって今後もメーカー等からの受注が確実に見込まれており、今後の業績の改善が具体的に予想でき、さらに、他の種々の要素を勘案し、今後の事業の継続性や収益性の向上に懸念がないと考えられるのであれば、要注意先に相当する可能性が高いと考えられる。

　一方、今後の業況の改善が見込めず、企業の資金繰りの状況や代表者等の個人資産の余力等を勘案したとしても、例えば、今後延滞

の発生が見込まれるなど、事業の継続性に懸念があるならば、破綻懸念先に相当するかを検討する必要がある。
3．なお、技術力の検討に当たっては、債務者が既に取得している、若しくは現在出願中の特許権、実用新案権の存在が特許証明書等で確認できるのであれば、債務者の技術力の高さを表す事例の一つと考えることができ、将来の業績に対するプラス材料の一つとなり得ると考えられる。

しかしながら、今後の事業の継続性及び収益性の見通しを検討するに当たっては、こうした特許権等の存在のみにとどまらず、例えば、当該特許権等により、どの程度の新規受注が見込まれるのか、また、それが今後の収益改善にどのように寄与するかなどといった点を具体的に検討することが必要である。

----

### コメント

技術力が、債務者区分・格付に反映しないことは、その技術が市場に認められず、損益計算書の利益として実現しないからです。たとえば、ドラマ「半沢直樹」の第一話でも同様な話が放映されました。

東京中央銀行・西大阪支店の半沢融資課長は、マキノ精機を訪問し、その社長から「当社は現在赤字であり、他の取引銀行から貸し剥がしにあっているが、30百万円融資してもらいたい。」との申込みを受けました。「大口取引先の倒産で売掛金の回収ができず、メイン銀行の関西シティ銀行は、緊急融資を行わないばかりか、直前に貸し出した50百万円を強制的に回収しました。」とのことでした。

しかし、半沢課長は、マキノ精機の事業性評価を行うべく、工場の中を社長に案内をしてもらいながら見ることになりました。工場は決して豪華ではないけれども、整理整頓が行き届き、工具は半沢課長に

挨拶はするものの、仕事の手は休めず、各人は自分の業務に集中していました。また、当社は特許も申請し、その証明書もありました。製品は、海外のF1チームに採用されており、将来、半沢課長は当社は黒字になる確信を得て、支店内部の融資会議で、このマキノ精機への30百万円の支援の提案をしました。この技術力は、将来の利益に反映するという確信を持ったのです。

　目利き力のある半沢課長は、直近ではマキノ精機は赤字であるものの、この技術力を事業性評価として認めて、30百万円の融資を実行する稟議を本部融資部に申請する意向を固めたということです。この（事例5）の具体的なケースと思われます。

　なお、上記の（解説）の2における「債務者の持つ高い技術力によって今後もメーカー等からの受注が確実に見込まれており、今後の業績の改善が具体的に予想でき、さらに、他の種々の要素を勘案し、今後の事業の継続性や収益性の向上に懸念がないと考えられる」とか、（解説）の3における「債務者が既に取得している、若しくは現在出願中の特許権、実用新案権の存在が特許証明書等で確認できるのであれば、債務者の技術力の高さを表す事例の一つと考えることができ、将来の業績に対するプラス材料の一つとなり得る」、また「今後の事業の継続性及び収益性の見通しを検討するに当たっては、こうした特許権等の存在のみにとどまらず、例えば、当該特許権等により、どの程度の新規受注が見込まれるのか、また、それが今後の収益改善にどのように寄与するかなどといった点を具体的に検討すること」という点は、事業性評価における技術力の判断には重要です。

イ）販売力（営業力）

(事例7)

**✓ 概況**

債務者は、当金庫メイン先（シェア90％、与信額：平成14年2月決算期260百万円）。地元有名デパートから小売店に至るまで主にタオル製品の製造・卸をしている業歴15年の業者である。

**✓ 業況**

海外からの安価な製品の流入等による取引先からの納入単価の切下げ要請等に耐えきれず、このため、売上高は大幅に減少し、3期連続赤字（前期20百万円）を計上、前々期より債務超過（前期末40百万円）に転落し、資金繰りも悪化しているが、条件変更による返済条件の緩和から延滞は発生していない。

債務者は、在庫管理の徹底や人員削減等によるコストダウンに努め始めているものの、主力商品の売上げ減少の影響が大きく、その成果はなかなか現れていない。しかし前期末に開発した贈答品用の試作商品が関係者間で好評であったことから、従来の販売ルートに向けて拡販を図るべく準備をしているところである。

**✓ 自己査定**

当金庫は、厳しい業況ながら新商品による今後の収益改善を期待して、要注意先（その他要注意先）としている。

(検証ポイント)

販売力について

(解説)

1．長年の信用力の積み重ねにより、強固な販売基盤を有している企

業の場合、新商品の販売動向が急速な業績改善につながることは十分考えられることであり、それらを債務者区分の判断に当たっての要素として勘案することは有用である。

2．本事例の場合、売上高が大幅に減少し、コストダウンの効果も現れず、財務内容や返済条件も悪化の一途であり、このため今後の業況回復の可能性が低いと認められるのであれば、破綻懸念先に相当する可能性が高いと考えられる。

　しかし、一方で、今まで培ってきた販売ルートの強みを活かした新製品の拡販で今後の収益改善の効果が見込める場合には、こうした販売力も総合的に勘案して判断する必要がある。

3．販売力の検討に当たっては、今後の売上増加が期待できるといった説明だけではなく、具体的にどのように売上の増加や収益の改善が見込めるかについて、例えば、新商品の評判、問い合わせや引き合い等が今後の収益改善にどのように寄与するのかなど、今後の需給見込み等を踏まえた収益改善計画等により検討する必要がある。

　こうした検討の結果、その実現可能性が高いと認められるのであれば、要注意先（その他要注意先）に相当する可能性が高いと考えられる。

　なお、その実現可能性が低いと認められ、企業の資金繰りの状況や代表者等の個人資産の余力等を勘案したとしても、今後延滞の発生が見込まれるなど、事業の継続性に懸念があるならば、破綻懸念先に相当するかを検討する必要がある。

**コメント**

（事例7）の場合は、「今まで培ってきた販売ルートの強みと新製品の拡販の見込み」を販売力の強みとして、この信用金庫は事業性評価

を認めた事例です。

　当社は、売上高が大幅に減少し、3期連続赤字（前期20百万円）を計上、前々期より債務超過（前期末40百万円）に転落したということですが、与信額260百万円の企業であることから、提供した担保資産を想定すれば、当社や経営者の保有資産はかなり大きいものと思われます。長年の信用力を積み重ねており、強固な販売基盤を有している企業ですから、新商品の販売動向が急速な業績改善につながることは十分考えられます。

　幸い、前期末に開発した贈答品用の試作商品が関係者間で好評であったことから、従来の販売ルートに向けて拡販を行うことも可能ですので、V字回復は十分見込めるかもしれません。今まで培ってきた販売ルートの強みを活かした新製品の拡販で、事業性評価も、かなり良好なものと思われます。

　今後の収益改善の効果が見込める場合には、こうした販売力を事業性評価として、総合的に判断する必要があります。

## ウ）業種における特殊性の事業性評価

**（事例10）**

> ☑ **概況**
>
> 債務者は、地元温泉地の中規模旅館で当行メイン先（シェア80％、与信額平成13年9月決算期400百万円）である。
>
> ☑ **業況**
>
> 5年前に宿泊客の落ち込みへの挽回策として、別館をリニューアルしたものの、売上は当初計画比80％程度に止まり、伸び悩んでいる。期間損益は多額な減価償却負担や金利負担から赤字を続け、債務超過に陥っている。
>
> 当行は、運転資金のほか、当該別館改築資金（250百万円、20年返済）に応需している。なお、当該改築資金については、現状正常に返済が行われている。
>
> 代表者は、今後は新たな旅行代理店の開発及びタイアップにより、宿泊客数の増加を図るとともに、人件費等の経費削減にも取組み収益の改善に努めたいとしている。
>
> ☑ **自己査定**
>
> 当行は、財務内容や収益力は芳しくないものの、現行、正常に返済していることや代表者の経営改善に向けた意欲を評価して正常先としている。

**（検証ポイント）**

業種の特性について

**（解説）**

1．中小・零細企業等の債務者区分の判断に当たっては、その財務状

況のみならず、代表者等の収入状況や資産内容等を総合的に勘案し、当該企業の経営実態を踏まえて判断するものとされているが、その際、業種の特性を踏まえた検討も合わせて行う必要がある。

　一般的に、旅館業については、多額の設備資金を必要とし、これら投資資金の回収に長期間を要するという特性を有している。また、多様化する顧客ニーズへの対応のため、比較的短期間の内に設備更新のための再投資（修繕費用等）も必要とされる。

　旅館業の債務者区分の判断に当たっては、こうした業種の特性による設備投資に伴う減価償却負担や金利負担の状況及び投資計画を踏まえた収益性等について検討をする必要がある。

2．本事例の場合、返済は正常に行われているが、売上低迷、毎期赤字、債務超過という面のみを捉えれば、要注意先以下に相当する可能性が高いと考えられる。

　一方、通常、減価償却費が定率法で算定される場合、投資後初期の段階では減価償却費負担が大きくなることから、自己資本額が小さい債務者の場合、赤字、債務超過に陥りやすくなるが、仮に、減価償却前利益が今後一定の水準で推移するとした場合、時間の経過とともに、減価償却費の減少から、減価償却後利益は黒字へと好転し、債務超過額も徐々に解消していくこととなる。また、借入金の返済が進めば、通常、金利負担も減少していくことが考えられる。

　したがって、旅館業のように新規設備投資や改築費用が多い業種については、現時点での表面的な収支、財務状況のみならず、赤字の要因、新規投資計画に沿った収益・返済原資が確保されているのか否か、今後の売上の改善見込みなどを検討する必要がある。

3．本事例の場合においては、こうした検討を踏まえ、債務者自身で返済原資が確保されているのか否か（代表者等の支援があるのか否

か)、当初計画比80％程度の売上や減価償却費、金利負担の減少等をベースにした収益水準で今後の返済が可能か否か、あるいは、今後の収益増強策でどの程度返済原資の積み上げが図れるのかなどについて検討し、今後も当初約定通りの返済が可能であるならば正常先に相当する可能性が高いと考えられる。

---

### コメント

　当社は、地元温泉地の中規模旅館で当行メイン先（シェア80％、与信額平成13年9月決算期400百万円）であり、5年前に宿泊客の落ち込みへの挽回策として、別館をリニューアルしました。しかし、売上は当初計画比80％程度に止まっています。期間損益は多額な減価償却負担や金利負担から赤字を続け、債務超過になってしまいました。当行は、運転資金のほか、当該別館改築資金（250百万円、20年返済）に応需しているものの、当該改築資金については、現状正常に返済が行われています。

　代表者は、今後は新たな旅行代理店の開発およびタイアップにより、宿泊客数の増加を図るとともに人件費等の経費削減にも取り組み、収益の改善に努めるつもりです。

　このような中規模旅館の特殊な事業性は、損益ベースで赤字になっても、キャッシュベースでは現金が比較的潤沢であるようです。貸出に対する毎月の返済や利払いは、設備導入当初は順調に進められましたが、損益は赤字となり債務超過になることもあります。

　通常、減価償却費が定率法で算定される場合、投資後初期の段階では減価償却負担が大きくなることから、自己資本額が小さい旅館（債務者）の場合、赤字、債務超過になってしまいます。当社も、期間損益は多額な減価償却負担や金利負担から赤字を続け、債務超過に陥っ

ていますが、キャッシュベースでは、まだゆとりがあります。

　ただし、多様化する顧客ニーズのため、来客水準維持には比較的短期間のうちに、設備更新のための再投資（修繕費用等）も必要となります。また、旅館業に関する設備資金は多額な投資を必要とし、これら投資資金の回収に長期間を要するという特性もあります。さらに、その地域の旅館同士の競争状況が激しい場合、その傾向が顕著になります。

　したがって、旅館業の債務者区分の判断にあたっては、このような業種の特性を十分勘案して、設備投資に伴う減価償却負担や金利負担の状況および投資計画を踏まえて、金融機関としては、この業種の支援方針を固める必要があります。すなわち、旅館業のように新規設備投資や改築費用が多い業種については、現時点での表面的な収支、財務状況のみならず、赤字の要因、新規投資計画に沿った収益・返済原資が確保されているのか否か、今後の売上の改善見込みなどを検討する必要があります。

　また、現金での売上が多い飲食業や小売業、さらには、公共投資比率の多い建設土木業なども、特殊な資金回収状況や地域的な特色もありますので、業種ごとの事業性評価は慎重に行う必要があります。

　2016年7月に「中小企業等経営強化法」が施行され、中小企業・小規模事業者・中堅企業等を対象として、(1)各事業所管大臣による事業分野別指針の策定と(2)中小企業・小規模事業者等への固定資産税の軽減や金融支援等の特例措置を規定しました。

　早速、旅館業に関して「事業分野別指針」が出されました。本件の事例10についても、以下の①②の指針を大いに活用するべきです。

# 4. 旅館業に係る経営力向上に関する指針①

観光庁観光産業課
厚生労働省医薬・生活衛生局
生活衛生・食品安全部生活衛生課

【現状認識】
- 訪日外国人旅行者数が急増し、これに対応した受入体制の整備が急務。
- 多大な資本を必要とする「資本集約型産業」であるため、需要量に応じた縮小・拡大が困難。
- 労働時間が長く、賃金が低いことなどから、従業員の定着率が一般的に低い。

**正規就業者の週間就業時間の比較**

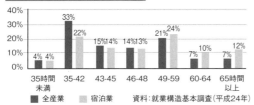

資料：就業構造基本調査(平成24年)

**大学卒業者の卒業3年後の離職率**

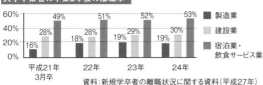

資料：新規学卒者の離職状況に関する資料(平成27年)

【業界が抱える課題】
➡ インバウンドの取り込みに向けた受入体制の整備
➡ 付加価値向上の取組による適切な対価の確保
➡ 安定的な人材確保

【目標とする指標及び数値】
時間当たりの**労働生産性**
計画期間5年間：+2%以上
計画期間4年間：+1.5%以上
計画期間3年間：+1%以上

# 4. 旅館業に係る経営力向上に関する指針②

- 旅館業については、サービス提供に間接的に関わる業務を効率化するとともに、サービスの品質や付加価値の向上等により顧客満足度を向上させることを通じて、経営力の向上を図る。

| | 経営力向上に関する取組内容（一部抜粋） |
|---|---|
| 営業活動に関する事項 | ▶ サービスを提供するターゲット層の明確化<br>▶ 商圏や競合環境を踏まえた独自の付加価値を生み出すサービスの工夫<br>▶ ICTを効果的に活用した割引サービスの実施、インターネット予約・注文の導入<br>▶ 新しい旅行形態（エコツーリズム等）への対応<br>▶ 訪日外国人旅行者に対する情報発信や受入体制の整備<br>▶ 資本力及び経営能力等の経営上の特質の把握 |
| コストの把握・効率化に関する事項 | ▶ 管理会計等の導入による自社の財務状況の把握<br>▶ 売上状況を踏まえた仕入れの管理 |
| マネジメントに関する事項 | ▶ 中長期的な経営計画の策定等を通じたマーケティング等の経営戦略の検討<br>▶ 従業員の勤務管理のシステム化<br>▶ 食中毒やレジオネラ症の発生等の防止を図るための衛生・品質管理の徹底 |
| 人材に関する事項 | ▶ 従業員の労働条件、作業環境及び健康管理の整備・改善<br>▶ 消費者との信頼関係を高める人材を養成するスキームづくり<br>▶ 女性や高齢者等の多様な労働力の活用 |
| ICT投資・設備投資・省エネルギー投資に関する事項 | ▶ 受発注管理、顧客管理等のサービス提供に間接的に関わる業務のICT化<br>▶ ICTを活用したサービスの向上、情報発信方法の工夫<br>▶ 設備・機器の切替えによる労働環境や作業効率、エネルギー効率等の改善 |

| 中堅 | 資本金等5千万円超10億円以下かつ従業員201人以上2千人以下 | 上記の取組から3項目以上 | 中規模 | 資本金等5千万円以下又は従業員6人以上200人以下 | 上記の取組から2項目以上 | 小規模 | 従業員5人以下 | 上記の取組から1項目以上 |
|---|---|---|---|---|---|---|---|---|

③ **「短期継続融資」「資本的資金充当貸出」「資本性貸出金」などの事業性評価によるランクアップ事例**

　金融機関の審査プロセスにおける「事業審査」は、すべての金融機関において、前述の稟議書が基本になっている申請書（稟議書・査定書）が使用されています。金融機関の担当者は、この稟議書によって融資実行や既に実行している融資の条件変更の承認を上司（本部審査部長等）から受けることになっています。

　そして、この稟議書の最上段は、「貸出の種類・金額・利率・期日・返済方法・資金使途」の6項目、第2段目は「担保」欄が記載されています。

　この項目は、短期貸出・長期貸出では、すべて記入することができますが、「短期継続融資」「資本的資金充当貸出」「資本性貸出金」については、「期日・返済方法・資金使途・担保」の項目は、原則として該当する情報はありませんので、記入することはできません。そこで、金融機関内部では、「短期継続融資」「資本的資金充当貸出」「資本性貸出金」の稟議書については、起案者がそれぞれについて考えた貸出理由を手書きにして、稟議書の補足資料を作成することになります。しかし、本部・審査部としては、起案者の手書きでは、情報不足や説明不足ということで、なかなか承認することができないようです。

　総じて金融機関は、短期貸出の一括返済や毎月返済について、リスクが低い貸出とみなします。返済については、貸出の資金使途によって、返済原資がある程度決まります。仕入資金・短期在庫資金・売掛資金や賞与資金・決算資金などは、期間1年以内の短期貸出であり、返済原資が明らかになりリスクが低い貸出と見られます。また、設備資金や長期運転資金などは、1年超の長期貸出として、ややリスクの

高い貸出と見られますが、毎月の減価償却や引当金積上げで返済原資は見えることになります。

しかし、短期間で業況の見直しを行って、同額の借換えを行う、実質長期貸出扱いの「コロガシ貸出」は、リスクが高い貸出と見られています。さらに、資本性貸出については、極めてリスクの高い貸出に見られています。これらの融資を、上段貸出残高、下段預金残高、右に向かって時間経過を表す図で示しますと、以下のとおりです。

▼銀行貸出のパターン

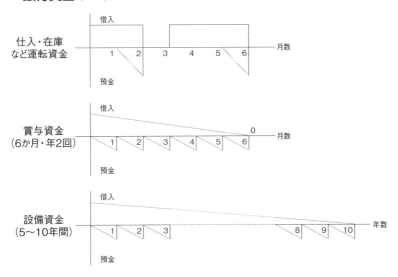

2015年1月には、以下の（事例20）の短期継続融資のガイドラインが、金融検査マニュアル別冊（中小企業融資編）に追加・公表されました。1999年の金融検査マニュアル公表以降、この短期継続融資（正常なる運転資金・コロガシ貸出）は、リスクが高い融資として原則として、金融機関から毎月の返済を付与されたり、追加担保を要求され

るものでした。また、新規には、なかなか実行してもらえない融資でした。

#### ▼短期継続融資（正常なる運転資金・コロガシ貸出）

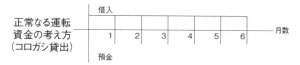

　このように、上記の「短期継続融資」「資本的資金充当貸出」「資本性貸出金」や「コロガシ貸出」は、従来、金融機関においては、なかなか支店長や本部の承認を得ることができませんでした。さらには「資本性貸出」については、与信リスクが特に高いということで既存の貸出を資本性貸出とみなすことはあっても、新規にこの貸出が実行されることはほとんどありませんでした。ただし、売掛金・在庫と買掛金から生じる経常運転資金や短期継続融資の資金ニーズは、企業の事業内容を評価すれば、必ず浮き彫りとなる運転資金ニーズです。ついては、この短期継続融資は、事業性評価融資と同様に増加が見込まれる融資です。

　ここでは、これらの貸出支援を受ける企業を「事業性評価」にて、債務者区分のランクアップを行うことを通して、融資の実行を容易にする事例を示したいと思います。

## (事例20)

### ☑ 概況

　債務者は、当行メイン先（シェア100％、与信額：平成26年3月決算期900百万円）。5年前まで住宅建材の製造業者であったが売上不振により転業、現在は地元のホームセンターを中心に組立て式家具の製造・卸をしている業者である。

　当行与信900百万円の内訳は、正常運転資金500百万円（「短期継続融資」・書替え継続中）と旧事業に係る残債務400百万円（長期融資・分割返済中）である。

### ☑ 業況

　転業後、債務者の製品は安定的な人気を得て、業況も安定していた。旧事業に係る債務400百万円が残っているため、返済負担が重く債務超過に陥っているものの、期間損益は小幅ながら黒字を確保しており、当行では転業後、正常運転資金500百万円（手形貸付：期間1年）に応需し、期日に書替えを繰り返してきた。

　しかし昨年、アジア製の廉価品に押され、前期決算（平成26年3月決算期）では売上高が前々期比40％減程度まで落ち込み、決算書上の数値から機械的に算出される正常運転資金（売上債権＋棚卸資産－仕入債務）も300百万円に減少している。

　当行では、平成26年7月の正常運転資金の書替えに当たり、売上減少に伴う減額書替えを検討したものの、債務者によれば、廉価品に比べた債務者の製品の質の良さが見直され、売上は回復しており、今期は前々期並の売上を確保できる見通しであり、正常運転資金についても昨年と同額での書替えを希望している。

　当行は、債務者から提出を受けた直近の試算表や、今期の業績予想、資金繰り表、受注状況を示す注文書を確認・検証するとともに、債務者の製造現場や倉庫の状況を調査し、製造ラインや原材料・製品在庫

の管理に問題がないこと及びホームセンターでの販売状況を調査し、債務者の製品に優位性が認められることを確認している。その結果、当行は、債務者の今期の売上回復については確度が高く、前々期と同程度の正常運転資金を必要としていると判断し、500百万円での書替えに応じることにした。

### ☑ 自己査定

当行では、債務者は引続き債務超過の状態で、旧事業の残債の返済負担が重いものの、継続して黒字を維持していることから、債務者区分は引続き要注意先としている。

正常運転資金500百万円については、前期決算書の数値から機械的に算出される正常運転資金額を大幅に上回る金額での書替えとなったものの、債務者の実態や足元のキャッシュフローの状況に鑑みて、正常運転資金の範囲内の書替えであり、貸出条件緩和債権には該当しないとしている。

### (検証ポイント)
正常運転資金を供給する場合の融資形態及び正常運転資金の範囲
### (解説)
1. 「短期継続融資」は金融機関の目利き力発揮の一手法となり得る

　　金融機関にとっては、債務者の業況等を踏まえた融資が行えるよう目利き力を発揮することが重要である。

　　その手法は様々であるが、例えば、正常運転資金について、債務者のニーズを踏まえた上で、無担保・無保証の短期融資（1年以内）で応需し、書替え時に債務者の業況や実態を適切に把握して、その継続の是非を判断することは、目利き力発揮の一手法となり得る。（注1）

　　一般的に、債務者の製品の質が劣化し、競争力を失った結果、売

上高が大幅に減少しているならば、今後の業況回復も危ぶまれると考えられる。

　しかしながら、本事例では、「短期継続融資」の書替えの可否を判断するに当たって、試算表、業績予想、資金繰り表の検証や注文書による受注状況の確認及び製造・販売の現場の実地調査等により、債務者の業況や実態（今後の事業の見通しを含む）をより詳細に把握することで、正常運転資金に対するよりきめ細かい融資対応が行われている（金融機関による目利き力の発揮）。（注2）

(注1) 中小・零細企業の資金ニーズに適切に応えるための融資手法に関しては、各金融機関が創意工夫を発揮し、それぞれの経営判断で柔軟に対応すべきものであり、その判断が尊重されることは、言うまでもない。

(注2) 債務者の業況や実態を把握するための資料徴求や実地調査については、本事例に記載した資料・調査等が一律に求められるものではなく、債務者の規模や与信額に応じた対応となる。例えば、債務者が小規模で詳細な資料がない場合等においては、必ずしも本事例で例示した資料全てについて、確認が必要なわけではない。

2．正常運転資金の範囲は債務者の業況や実態に合わせて柔軟に検討する必要がある

　債務者が正常な営業を行っていく上で恒常的に必要と認められる運転資金（正常運転資金）に対して、「短期継続融資」で対応することは何ら問題なく、妥当な融資形態の一つであると認められる。

　正常運転資金は一般的に、卸・小売業、製造業の場合、「売上債権＋棚卸資産－仕入債務」であるとされている（金融検査マニュアル・自己査定別表1）。本事例の場合、平成26年3月決算期の数値に基づ

いて算出される正常運転資金の金額は、売上高が大幅に減少しているため、この算定式を機械的に適用すれば、大幅に減額することにもなり得る。

しかしながら、平成26年3月決算期の数値は、過去の一時点の数値であり、現時点の正常運転資金の算出については、債務者の業況や実態の的確な把握と、それに基づく今後の見通しや、足元の企業活動に伴うキャッシュフローの実態にも留意した検討が重要である。

3．本事例の結論

本事例では、前期決算の数値に基づく正常運転資金の金額は大幅に減少することになるものの、「短期継続融資」の書替えの検討に当たり、前期決算以降の状況の変化を踏まえて、債務者の業況や実態を改めて確認した結果、売上高の回復が見込まれること、足元のキャッシュフローにおいて従来程度の金額の正常運転資金が必要と認められることから、500百万円で書替えを実行しても、正常運転資金の範囲内として貸出条件緩和債権には該当しないものと考えられる。

---

### コメント

売上が低下した場合は、企業としては仕入を抑え、在庫も圧縮する防衛策を取りますが、売上増加の見込みがある場合は、一般的には仕入や在庫の水準を上げていきます。この場合は、正常運転資金は増加するようになります。

当社は、転業後、債務者の製品は安定的な人気を得て、業況も安定していました。期間損益は黒字を確保しており、当行では転業後、正常運転資金500百万円（手形貸付：期間1年）に応需し、期日に書替えを繰り返してきました。

しかし昨年、アジア製の廉価品に押され、前期決算（平成26年3月

決算期）では売上高が前々期比40％減程度まで落ち込み、決算書上の数値から機械的に算出される正常運転資金（売上債権＋棚卸資産－仕入債務）も300百万円に減少しました。当行では、平成26年7月の正常運転資金の書替えにあたり、売上減少に伴う減額書替えを検討しました。

しかし、債務者である当社によれば、廉価品に比べた債務者の製品の質の良さが見直され、売上は回復しており、今期は前々期並の売上を確保できる見通しであり、正常運転資金についても昨年と同額での書替えを希望しました。

当行は、当社から提出を受けた直近の試算表や、今期の業績予想、資金繰り表、受注状況を示す注文書を確認・検証するとともに、当社の製造現場や倉庫の状況を調査し、製造ラインや原材料・製品在庫の管理に問題がないことがわかりました。また、実際に、ホームセンターでの販売状況を調査し、当社の製品に優位性が認められることも確認しました。

このような事業性評価を重ねた結果、当行は、債務者である当社の今期の売上回復については確信し、前々期と同程度の正常運転資金を必要としていると判断し、同額の500百万円での書替えに応じることにしました。

本件の場合は、当社の業況や実態を把握するために、資料徴求や実地調査を行いました。このような「事業性評価」に関する動きは、一律に行うものではなく、債務者の規模や与信額に応じた対応とするべきと述べています。たとえば、債務者が小規模で詳細な資料がない場合は、各金融機関が創意工夫を発揮し、それぞれの経営判断で柔軟に対応することになります。

この場合は、平成26年3月決算期の数値に基づいて算出される正常

運転資金の金額が、大幅に減額することになりましたが、「事業性評価」を行うことによって、平成26年3月決算期の数値は、過去の一時点の数値であると当行はみなして、現時点の正常運転資金は、当社の現況と今後の見通し、また足元の企業活動に伴うキャッシュフローの実態に留意して、同額としました。このように、「事業性評価」を行うことによって、柔軟に短期継続融資の金額を決定することが重要であることを、この事例では述べています。

④ 「担保・保証チェック」における「流動資産担保」や「コベナンツ」

　金融機関は、企業審査や事業審査において、将来の融資返済の確信が得られない時は、「担保・保証チェック」を行い、その企業の資産や、経営者・連帯保証人などの個人資産を担保に徴求し、また経営者などの保証を取って、融資の返済が滞った時の回収手段を確保することにしています。その担保や保証は、確実に回収するために、金融機関はその資産を占有したり、登記を行って、円滑に現金化をして融資の返済に充てられるようにしています。

　したがって、より確実な回収が行うことができ、本部・審査部にその回収手法が説得力のあるものに担保・保証を限定する傾向があります。本部・審査部も、資産の現金化が容易で、その金額も予想がつくような、確実に回収ができる担保などを求めています。

　そこで、従来型固定資産担保（不動産・株式等、含む定期預金）の担保を勧奨し、逆に、流動資産担保（ABL等）やコベナンツ（財務制限条項）は、今までは担保として認められないものでした。

▼担保の評価率と処分可能見込み額（掛目）

| 不動産担保 | 土地 | 評価額の70% |
|---|---|---|
| | 建物 | 評価額の50% |
| 有価証券担保 | 国債 | 評価額の95% |
| | 政府保証債 | 評価額の90% |
| | 上場貸出 | 評価額の70% |
| | その他の債券 | 評価額の85% |

　しかし、事業性評価を重視した審査が進められるようになりますと、従来型固定資産担保（不動産・株式等、含む定期預金）のほかに、この「流動資産担保（ABL等）」や「コベナンツ（財務制限条項）」による担保・保証の差入れが広がるようになってきました。企業の事業性評価を行うと、流動資産の動きや企業の内部管理・内部統制の実態も把握することになります。連れて、それを担保にとって金融機関の融資先への支援度を高めようという動きも出てくると思います。金融機関が取引先に負担を生じさせない担保を取ることで、金融機関の融資に対する引当金の軽減化を図り、取引先に対する融資を行いやすくするという考え方もあります。

　金融検査マニュアル別冊（中小企業融資編）の事例においても、正式には「流動資産担保（ABL等）」や「コベナンツ（財務制限条項）」を担保・保証には取っていないものの、このような流動資産や財務制限条項を融資回収の手段として、「事業性評価」の考え方を盛り込んで、融資審査の手法とするようにもなっています。

ア）流動資産担保

(事例18)

### ✓ 概況

債務者は、当金庫メイン先（シェア78％、与信額448百万円）。大手住宅建設業者の下請工事を主に、個人一般木造住宅のほか、一般建設も手掛けている。

### ✓ 業況

大手住宅建設業者からの受注工事が主なことから安定した受注量はあるものの、業界は全般的に不況であり、建設業者のコスト削減の影響を受け、3期前から赤字を計上している。

このような中で、新規の大口住宅の受注が減少したことから、5年前に新規の大規模住宅の受注を見込んだ在庫資金（銘木の資財仕入）名目の運転資金（手形貸付）については、現状、期日6カ月で書替えを繰り返しているところである。

なお、在庫の銘木について、仕入後5年を経過しているが、その価値が毀損している事実はなく、債務者は資金繰りの問題もあり、同業者への在庫処分を実施することにより、返済に充てたいとしている。

### ✓ 自己査定

当金庫は、売上の減少に伴う返済能力の低下は明らかであり、今後、短期間での業況改善が見込めないことから要注意先としている。

なお、在庫資金（銘木の資財仕入）名目の運転資金については、当初約定から5年を経過しているが、在庫の処分により回収するもので、在庫処分による返済実績もあることから返済財源としては確実であり、貸出条件緩和債権には該当しないと判断している。

## （検証ポイント）

書替え継続中の手形貸付に係る貸出条件緩和債権（元本返済猶予債権）の取扱いについて（1）

## （解説）

1．貸出条件緩和債権については、銀行法施行規則第19条の2第1項第5号ロ（4）において規定されており、その具体的な事例は、中小・地域金融機関向けの総合的な監督指針（注1）において規定されている。

　中小・地域金融機関向けの総合的な監督指針では、元本返済猶予債権（元本の支払を猶予した貸出金）のうち、貸出条件緩和債権に該当するものとして「当該債務者に関する他の貸出金利息、手数料、配当等の収益、担保・保証等による信用リスク等の増減、競争上の観点等の当該債務者に対する取引の総合的な採算を勘案して、当該貸出金に対して、基準金利（当該債務者と同等な信用リスクを有している債務者に対して通常適用される新規貸出実行金利をいう。）が適用される場合と実質的に同等の利回りが確保されていない債権」が考えられるとしている。

　これは、返済期限の延長が行われた場合であっても、条件緩和後の債務者に対する基準金利が適用される場合と実質的に同等の利回りが確保されているならば、貸出条件緩和債権に該当しないというものである。

2．書替えが継続している手形貸付については、債務者の返済能力の低下（信用リスクの増大）から期日返済が困難となり、実際は条件変更を繰り返している長期資金と同じ状況（いわゆる「コロガシ状態」）となっている場合があるため、その原因について十分に検討する必要がある。

本事例の場合、在庫資金（銘木の資財仕入）について書替えが繰り返されている背景を見ると、銘木を使用した新規の大規模住宅の受注の減少により、発生したものであり、債務者の支援を目的に、当初の返済予定を大幅に延長したものと認められること、また、債務者自体の信用リスクについても、建設単価引き下げによる業況不振から増大していることが伺われる。

3．しかしながら、基準金利が適用される場合と実質的に同等の利回りが確保されているかの検証に際しては、担保・保証等による信用リスクの減少等を含む総合的な採算を踏まえる必要がある。本事例の場合、在庫資金（銘木の資財仕入）名目の運転資金については、在庫の処分により全額回収するもので、在庫処分による返済実績を勘案すれば返済財源は確実（注2）と見込まれ、信用リスクは極めて低い水準にあるものと考えられる。

　したがって、当該貸出については、信用リスクコストを加味する必要性が極めて低いため、条件変更時の貸出金の金利水準が金融機関の調達コスト（資金調達コスト＋経費コスト）を下回るような場合を除き、原則として、貸出条件緩和債権（元本返済猶予債権）に該当しないものと判断して差し支えないものと考えられる。

4．なお、書替えが継続している手形貸付であっても、いわゆる正常運転資金については、そもそも債務者の支援を目的とした期限の延長ではないことから、貸出条件緩和債権には該当しないものと考えられるが、貸出当初において正常運転資金であっても、例えば、在庫商品について価値の下落等が発生し、返済財源もない場合には手形書替え時をもって貸出条件緩和債権に該当することもあると考えられることから、その実態に応じた判断が必要であると考えられる。

（注1）貸出条件緩和債権については主要行等向けの総合的な監督

指針（Ⅲ－3－2－4－3（2），③）にも記載有り。保険会社の貸付条件緩和債権については保険会社向けの総合的な監督指針（Ⅲ－2－17－3（2），③）に記載有り。

（注2）本事例では、在庫処分の実績を勘案し、返済財源は確実としているが、実際の自己査定検証においては、その確実性についても十分検証を行う必要がある。

---

**コメント**

（事例18）については、「在庫資金（銘木の資財仕入）名目の運転資金（手形貸付）は、現状、期日6か月で書替えを繰り返しています。この在庫の銘木については、仕入後5年を経過しているものの、その価値が毀損している事実はなく、正常運転資金として、貸出条件緩和債権には該当しない」と判断されています。このことは、この正常運転資金借入れが返済できなくなった時は、この在庫の銘木を現金に換えて返済を行うことを想定しています。このことは、担保設定契約は結ばないものの、流動資産担保と同様な効果となるものです。

当信用金庫の当社に対する総与信（貸出）金額は448百万円ですが、まずは、この「在庫資金（銘木の資財仕入）名目の運転資金（手形貸付）借入れ」がいくらくらいか、また、他行にもこの在庫資金名目の運転資金借入れがあるかによって、借入合計金額を算出します。そして、流動資産合計を算出しますが、仮にこの金額を「売掛債権＋在庫－買掛債務」としたならば、運転資金借入れの合計が、流動資産合計を上回らなければ、これは流動資産担保と同様な効果となります。

この流動性資産を対象に担保設定契約を結ぶならば、これを「流動資産担保（ABL等）」ともいいます。これを図に示しますと、次ページのとおりです。

### ▼ ABL（アセット・ベースト・レンディング）

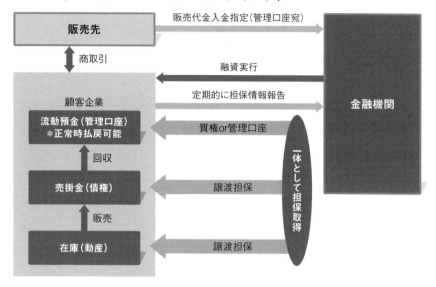

　この図の左下に示すように、「売掛金が入金になった流動預金（管理口座）」と「売掛金（債権）」「在庫（動産）」の合計金額を、金融機関に「定期的に担保情報報告」として伝え、その範囲内で融資を実行することを「ABL貸出」といいます。このABLの流動資産担保に力点を置くと、これを「流動資産担保（ABL等）」と言います。

　ここで述べた流動資産の内容を、事業の内容や成長可能性を含めて述べることを「事業性評価」ということもできます。すなわち、この（事例18）は、流動資産担保に裏付けられた借入れの事例とみなすこともできます。

## イ）コベナンツ

### （事例23）

#### ✅ 概況
　債務者は、当金庫メイン先（シェア90％、与信額120百万円）。当地の代表的な老舗和菓子の製造販売業者で代表者は地元の有力者である。地元デパートでの販売の他、観光客を主な顧客とした多店舗展開（3店舗）を図っている。

#### ✅ 業況
　景気低迷の中、観光客相手の土産物を中心に売上が減少していることに加え、取引先の倒産の影響もあり、3期前から赤字転落、今期は債務超過に陥っている。
　当金庫は運転資金（手貸20百万円）のほか、店舗開業資金（証貸100百万円）に応需しているが、業績の悪化から約定返済が困難になったとして、代表者は不採算店舗の閉鎖や取引先の選別などによる黒字化を折り込んだ収支計画を策定し、当金庫に対して店舗開業資金の返済額を大幅に軽減（約60％減）し、かつ最終期日に元本しわ寄せ（当初借入の約50％）とする条件変更を要請し、当金庫も代表者の信用力等を勘案しこれに応じた。
　なお、代表者は、事業以外の負債は有しておらず、担保に提供していない土地等の遊休不動産（処分可能見込み額ベース）を50百万円程度有している。（当該遊休不動産に抵当権は付されていない。）

#### ✅ 自己査定
　当金庫は、売上の減少に伴う返済能力の低下は明らかであり、今後、短期間で条件変更前の状況に回復する見込みもないと判断されるものの、黒字化を折り込んだ収支計画等を勘案し、債務者区分は要注意先とした。

> しかしながら、店舗開業資金の条件変更については、担保不動産（処分可能見込み額ベース）で６割保全されており、残りの４割についても、金庫は代表者は会社が有事の際には私財を提供する意思が確認できていることから、個人資産等も勘案すれば信用リスクは極めて低く算定されることから、貸出条件緩和債権に該当しないと判断している。

**（検証ポイント）**

担保・保証等で保全されている場合の貸出条件緩和債権（元本返済猶予債権）の取扱いについて

**（解説）**

1. 貸出条件緩和債権については、銀行法施行規則第19条の２第１項第５号ロ（４）において規定され、その具体的な事例は、中小・地域金融機関向けの総合的な監督指針において規定されている。

    中小・地域金融機関向けの総合的な監督指針では、元本返済猶予債権（元本の支払を猶予した貸出金）のうち、貸出条件緩和債権に該当するものとして「当該債務者に関する他の貸出金利息、手数料、配当等の収益、担保・保証等による信用リスク等の増減、競争上の観点等の当該債務者に対する取引の総合的な採算を勘案して、当該貸出金に対して、基準金利（当該債務者と同等な信用リスクを有している債務者に対して通常適用される新規貸出実行金利をいう。）が適用される場合と実質的に同等の利回りが確保されていない債権」が考えられるとしている。

2. 本別冊において述べられている通り、中小・零細企業については、不動産担保などに加え、代表者は会社が有事の際には私財を提供する意思が確認できている場合には個人資産等も勘案することができると考えられることから、当該貸出金は最終的な回収には懸念はな

く、信用リスクは極めて低い水準にあるものと考えられる。
3．したがって、本事例のように不動産担保等により保全されていることから信用リスクが極めて低い水準になるものと考えられる貸出金については、条件変更時の貸出金の金利水準が金融機関の調達コスト（資金調達コスト＋経費コスト）を下回るような場合を除き、原則として、当該貸出金については、貸出条件緩和債権（元本返済猶予債権）に該当しないものと判断して差し支えないものと考えられる。
4．なお、本事例のように黒字化を織り込んだ収支計画等が策定されている場合には、条件変更時の貸出金の金利水準が金融機関の調達コストを下回るような場合であっても、収支計画等が合理的かつ実現可能性の高い経営改善計画の要件を満たしていれば、貸出条件緩和債権には該当しないものと判断して差し支えないと考えられる。

### コメント

　この事例は、担保・保証等で保全されている場合の貸出条件緩和債権（元本返済猶予債権）の取扱いについて述べたものですが、ここでは、コベナンツ契約の事例として解説します。

　当金庫は運転資金（手貸20百万円）のほか、店舗開業資金（証貸100百万円）に応需していますが、業績の悪化から約定返済が困難になりました。業況は、3期前から赤字転落、今期は債務超過に陥っています。当金庫は、店舗開業資金の返済額を大幅に軽減（約60％減）し、かつ最終期日に元本しわ寄せ（当初借入の約50％）とする条件変更に応じました。

　ただし、当社の代表者は、事業以外の負債は有しておらず、担保に提供していない土地等の遊休不動産（処分可能見込み額ベース）を

50百万円程度有しており、この遊休不動産に抵当権は付されていません。そこで、代表者は「会社がこれ以上赤字が続き、債務超過金額が増加した場合は、この遊休不動産を当社の借入れの担保に差し入れる」というコベナンツ契約を結びました。

今までは、このような契約は、担保として徴求することは中小企業としてはあまりありませんでしたが、今後は各企業とも、コンプライアンス・ガバナンスの励行状況や、代表者の資質を見極める事業性評価が広がり、このようなコベナンツ契約を担保にすることも増加するということです。

⑤ エリア審査

ア）エリア審査・リレーションシップバンキングと事業性評価

リレーションシップバンキング・地域密着型金融という言葉は、2003年以来、金融庁の種々の通達・新着情報などにおいて、地域金融機関に対して発せられていました。しかし、この施策は同時期に公表された主要行向けの「金融再生プログラム」のように「2004年度には不良債権比率を半減させる」という数値目標がなかったためか、常に地域金融機関には曖昧に捉えられていました。金融庁も、2年ごとにこの施策の総括を行っていましたが、その結果報告には「各行ともバラツキがある」という「施策は徹底できなかった」という意味の文言が入っていました。

金融機関の施策は、顧客取引先と深く接する営業店・支店の融資セクションが本気で動くことにより浸透されますし、融資の実行の意思決定をする審査制度にその原動力は組み込まれています。

そこで私は、このリレーションシップのアクション・行動として、「エリア審査」という言葉を使っていました。したがって、このエ

リア審査とは、「リレーションシップバンキング・地域密着型金融」のアクションプランとも言い換えることができるものです。

　さて、本書のテーマである事業性評価については、常に「融資」と合わせた「事業性評価融資」というアクション・行動で公表されています。そこで、金融機関の貸出現場の皆様には、具体的なイメージが早期に定着するものと思われます。ちなみに、山口フィナンシャルグループでは、審査部を廃止し、「事業性評価部」を新設していますので、この動きは一層早く浸透することになるはずです。

　ついては、この「エリア審査」は「事業性評価融資」と重なるものであり、この「エリア審査」が「リレーションシップバンキング・地域密着型金融」の融資手法であることから、「事業性評価」も「リレーションシップバンキング・地域密着型金融」の考え方を踏まえていることが理解できるものと思われます。

**イ）事業性評価融資はリレーションシップバンキングの最重要なアクション・行動になる**

　このリレバンは、従来の審査プロセスからいえば、主に企業審査の定性分析工程に該当するものであり、金融検査マニュアル別冊（中小企業融資編）の27事例に具現化されているものでした。この点からも、金融庁は、リレバン・地域密着型金融・金融円滑化法などの大きな施策を行う都度、この金融検査マニュアル別冊（中小企業融資編）の改定を行っていました。しかし、多くの地域金融機関においては、貸出現場の担当者の行動指針になる稟議書や査定書、申請書には、このリレバンの考え方を記入する欄はありませんでした。再度、前掲の稟議書（p.93）をご覧ください。

　しかし、今後は、金融機関の審査は「事業性評価」を重視するこ

とになりますから、リレバンの考え方に沿った、地域貢献や活性化に向けた事業内容や事業の成長可能性を稟議書の所見欄に必ず記入するか、新たな稟議書などが作成されるものと思われます。事業性評価融資については、ローカルベンチマークに基づく指標によって対話をすることになっていますが、このローカルベンチマークには地域貢献等が組み込まれています。とにかく、中小企業に融資を行う金融機関は必ず事業性評価を行うことになり、その事業に関する融資審査には、リレバン精神を含めた事業性評価の文言を書き込むことが求められることになります。

　以下にご紹介する（事例15）は、金融検査マニュアル別冊（中小企業融資編）の事例で、小体の中小・零細企業を対象にしていましたから、稟議書等に必ずしも定性分析の検討内容を記載する必要はありませんでしたが、今後は違います。融資審査は事業性評価の検討を必須とし、すべての中小企業を対象にしますので、その検討内容は必ず文書化して、稟議書に記載または別紙として添付しなければならないことになると思います。

　したがって、今後、事業性評価を行うにあたり、金融機関の皆様はリレバン施策の知識・スキルを習得しておかなければなりません。

　※　リレバンについて体系的に把握するには、拙著『銀行交渉のための「リレバン」の理解』（中央経済社・2014年5月）』をぜひご一読ください。


**ウ）事業性評価における地域貢献・活性化への寄与部分はエリア審査と重なる**

　そこで、事業性評価の地域貢献・活性化の検討を行う場合は、このエリア審査の各項目を思い浮かべながら、チェックされることを

お勧めします。

　すなわち、金融機関の審査プロセス（p.95）の大分類の「ステークホルダーへの貢献度」とは「地域社会に対する企業の貢献度」であり、小分類は消費者（顧客）・仕入先・得意先・従業員・株主・債権者（金融機関など）・地域住民・行政機関（地方公共団体、再生支援協議会、地域経済活性化支援機構、財務局、経産局など）の貢献に分けております。この他にも、公設試験研究機関や商店街組合・教育機関などの項目も考えられます。

　また、次の大分類の「地域貢献への当社の意欲」は、経営者等役員・従業員の日頃の言動や行動から判断できるものです。各地のライオンズクラブ・ロータリークラブにおける経営者の活動や、従業員の本社・工場周辺の清掃活動、当社のホームページに書かれた地域活動なども、この項目に対する貢献・意欲になります。地域金融機関としては、企業の経営者等役員や従業員などへのヒアリングによって把握することも大切です。

　さらに、3番目の大分類の「地域・地元での当社の評価」とは、税理士・会計士の意見や商工会議所・商工会・教育機関・県庁・市役所などの広報誌や役職員の発言から当社の評価が判断されます。このような内容は、定量分析とは違って抽象的で判断しづらい点がありますが、この企業が2倍3倍の規模に成長していった場合を想定すると、その貢献度は明らかになってきます。ちなみに現在では、雇用の増加だけでも、企業の地域貢献度は大きいといえます。

　この「エリア審査」によって、地域金融機関が金融庁に要請されているリレーションシップバンキング・地域密着型金融の考え方が具現化され、事業性評価の有効なチェックリストになるものと思われます。

## エ）地域金融機関としての社会的な責任（地域貢献）

**（事例15）**

### ☑ 概況

債務者は、当行メイン先（シェア80％、与信額：平成13年3月決算期2,000百万円）。地場の土木建設業者である。

### ☑ 業況

官庁工事主体（約70％）に取り組んでいるが、公共事業の低迷などから受注高が減少し、売上（前期 2,000百万円）は前期比横ばいとなっている。当期利益は、バブル期に傾斜した株式投資の失敗による借入負担もあり毎期わずかな黒字（毎期3百万円程度）を計上している。ただし、当該株式等の含み損を加味すると実質債務超過額は多額（800百万円）なものとなっている。当行の貸出金は手貸、証貸とも金利のみの支払いで期日一括返済を繰り返しているなど、元本返済猶予状態である。

### ☑ 自己査定

当行は、自己査定において、①金利は支払ってもらっていること、②投資株式は全て担保として徴求しており、今後、株式価格が好転した銘柄から徐々に処分して回収を図る方針であること、③長年の取引先であり、当行メイン行であり今後も引き続き支援方針であることから、要注意先（その他要注意先）としている。

**（検証ポイント）**
支援の意思と再建の可能性について

**（解説）**
1．一般的に、業況不振、財テク失敗などによる実質大幅債務超過の

状態や、実質的な元本の延滞状態に陥っている債務者は、経営難の状態にあると考えられ、破綻懸念先の債務者区分に相当する場合が多いと考えられる。

2．一方で、金融機関によっては本事例のように、業況が相当悪化している中にあっても、メイン行ということや、長年の取引先であり金融支援を続けていく方針ということにより債務者区分を行っている場合がある。

　しかしながら、金融機関の支援の意思というものは、債務者の実態的な財務内容や収益性、貸出条件及びその履行状況等をもとに再建の可能性の有無を金融機関として検討した結果得られるものであって、支援の意思のみをもって債務者区分の判断を行うことは適当ではないと考えられる。

3．したがって検査においては、金融機関側が債務者の再建の可能性の有無をどのように捉えているのか確認する必要がある。

　特に、中小・零細企業等の債務者区分の判断に当たっては、債務者に詳細な経営改善計画等を求めることは困難な点もあるが、債務者を取り巻く厳しい経営環境を前提に、単に株価の好転のみに期待することなく、有価証券の処理方針や企業再建の可能性について金融機関がどのように債務者の実態を把握しているかについて十分確認する必要がある。

　その際、重要となる点は、本業の収益力の見通しであり、そのためには、現行の手持ち工事の状況、過去の実績に照らした今後の受注見込等に基づく今後の収支見込を把握する必要がある。

　また、業況が相当悪化している場合、他の金融機関の貸出金の履行状況についても確認する必要がある。

　上記のような検討の結果、今後の本業による収益見込や個人資産

等を総合的に勘案し、経営再建の可能性が高いと判断されるならば、要注意先(その他要注意先)に相当する可能性が高いと考えられる。

----

▎コメント

　金融機関の支援の意思は、債務者の実態的な財務内容や収益性、貸出条件およびその履行状況等をもとに再建の可能性の有無を検討して決められます。この再建の可能性の中には、地域における貢献度も入っています。金融検査マニュアル別冊(中小企業融資編)が公表された2002年当時に比べ、現在の2016年は、地域企業応援プラットホームや中小企業支援ネットワークなど、地場企業と雇用に関して地域金融機関の責任が重視されています。

　したがって、当社の借入れは20億円もあり、現行の手持ち工事の状況、過去の実績に照らした今後の受注見込等に基づいて勘案すると、当社の地域における影響力は大きいものと思われます。当行は、メイン行として、支援の意思と再建の可能性について今後の方針を決めていますが、同時に、金融機関として、地域経済の維持・発展を考えて当初への支援方針を決めることも大切です。

　当行は、自己査定において、「①金利は支払ってもらっていること、②投資株式はすべて担保として徴求しており、今後、株式価格が好転した銘柄から徐々に処分して回収を図る方針であること、③長年の取引先であり、当行がメイン行であり今後も引き続き支援方針であることから、要注意先(その他要注意先)としています。」と考えていますが、この考えは、現在も不変と思われます。

　また、今後において、当社が雇用を含めて地域への貢献が大きいときは、地域から生じる需要によって、将来の受注の増加が見込めるという解釈もできると思われます。これらの内容が成長可能性と見るこ

とになれば、当社の「事業性評価」を高めることができ、ランクアップ要因になると思われます。

　当社に対しても、金融機関等による「地域企業応援パッケージ」を策定し、産業・金融両面からの政府の支援等を総合的に実施し、企業のライフステージに沿った課題解決に向けた自主的な取組みを官民一体で支援するか否かも考える必要があります。

　ただし、この見方は、極度に楽観的と見なされることもあり、保守的な見方としては、上記のコメントの内容にもなります。

### オ）地域金融機関の地域特殊性への理解（暖冬とスキー場の降雪機の故障）

**（事例14）**

#### ☑ 概況
　債務者は、当組合メイン先（シェア100％、与信額：80百万円）。スキー場の周辺でスキー客を主な顧客とするロッジを経営している。

#### ☑ 業況
　近年、ロッジの老朽化等から宿泊客が減少したことにより、連続して赤字を計上し債務超過に陥っている状況にある。
　当信組は、開業資金に応需しているが、3年前に業績悪化から約定返済が困難になったとして、債務者から貸出金について返済条件の緩和（元本返済猶予）の申出を受けた。
　これに対し、当信組は今後の収支計画の策定及び提出を求め、代表者は宿泊客の減少を食い止めるために、ロッジの増改築や新たな顧客獲得のための宣伝活動等による5年後の黒字化、債務超過解消を折り込んだ収支計画を策定、提出した。

策定した経営改善計画を実行した結果、1年目、2年目の実績は計画比9割程度達成したが、3年目の今期、暖冬に加えスキー場の人工降雪機の故障も重なったことから、スキー場はほとんど営業することができず、ロッジの経営もその影響を受けたため、売上高は計画比で3割程度しか達成できず、返済キャッシュフローについてはほとんどない状態である。なお、来期からスキー場では最新の人工降雪機を導入する予定である。

☑ **自己査定**

　　当信組は、今期は計画比3割程度の達成であったが、今後、スキー場も従来どおりの営業が見込まれることから、ロッジの経営も安定的に推移し、計画比8割以上を達成する可能性が高いことを踏まえ、要注意先（その他要注意先）としている。
　　なお、今期の低迷により当初の計画期間は2～3年程度延びることになる。

**（検証ポイント）**

外部要因による一時的な影響により経営改善計画を下回った場合について

**（解説）**

1．例えば、売上減少などにより大幅な債務超過が継続している債務者が、経営改善計画等を作成していても、その後の経営改善計画の進捗状況が計画どおり進んでいない場合には、経営破綻に陥る可能性が高いとして、破綻懸念先に相当する場合が多いと考えられる。
　　しかしながら、経営改善計画等の進捗状況の検証を実施するに当たっては、計画の達成率のみをもって判断するのではなく、計画を下回った要因について分析するとともに、今後の経営改善の見通し等を検討する必要がある。

2．本事例の場合、暖冬に加え人工降雪機の故障なども重なったことから、スキー場はほとんど営業することができず、その影響からロッジの経営も計画比3割程度と大幅な未達となったが、1年目、2年目は計画比で9割程度の実績で推移していること、また、来期からスキー場では最新の人工降雪機を導入し、暖冬の際にも対応できる対策をとっていることから、来期以降は、計画比で8割以上の達成が見込まれる状況である。

　よって、今期は計画比で大幅な未達となり、当初の経営改善計画自体は今期の低迷により、計画期間が2～3年程度延びることになったが、そのことをもって直ちに破綻懸念先とはならず、来期以降、計画に沿って業況が安定的に推移し改善が見込まれるならば要注意先（その他要注意先）に相当する可能性が高いと考えられる。

3．なお、中小・零細企業等の事業計画は、企業の規模、人員等を勘案すると、大企業の場合と同様な精緻な経営改善計画等を策定できない場合がある。債務者区分の判断に当たっては、今後の業況見通しや借入金の返済能力の判断について、事業計画の達成状況や計画期間の延長のみではなく、例えば、本事例のように、事業計画どおり進んでいない原因を分析し、今後の債務者の収支見込等が、現実的なものかを判断する必要がある。

---

### コメント

　当組合は、地域の足元の特殊事情（暖冬とスキー場の降雪機の故障）を勘案して、債務者であるロッジの窮境を支える方針となっています。当社の努力や真摯な経営姿勢が実証される点は、「策定した経営改善計画を実行した結果、1年目、2年目の実績は計画比9割程度達成した」ことです。また「来期からスキー場では最新の人工降雪機を導入する

予定であり、見通しは明るい」ともいえます。

　しかし、厳しい点もあります。足元の3年目は「暖冬に加えスキー場の人工降雪機の故障も重なったことから、スキー場はほとんど営業することができず、ロッジの経営もその影響を受けたため、売上高は計画比で3割程度しか達成できず、返済財源のキャッシュフローについてはほとんどない状態でした」。また、「近年、ロッジの老朽化等から宿泊客が減少したことにより、連続して赤字を計上し債務超過に陥っている状況」にあります。

　さらに、当信組は、「開業資金に応需していましたが、3年前に業績悪化から約定返済が困難になったとして、債務者から貸出金について返済条件の緩和（元本返済猶予）の申出を受けています」。

　このように、当社の場合は、厳しい材料が圧倒的に多いものの、当信組は、暖冬とスキー場の降雪機の故障という地域特殊性を理解し、直近の地域企業の経営環境があまりにも落ち込んだために、上記のように支援方針を取ることになったものと思われます。当社を財務データや担保・保証で評価することではなく、地域の企業として、面的再生の考え方と事業性評価から、当組合は支援を続けているものと思われます。

　当社に対しては、地域の宿泊施設と同様に、地域企業による生産性・効率性の向上、「雇用の質」の確保・向上に向けた取組み、また地域における金融機能の高度化が必要かをも検討するべきです。また、地域宿泊群に対して、金融機関等による「地域企業応援パッケージ」を策定し、産業・金融両面からの政府の支援等を総合的に実施し、企業の課題解決に向けた自主的な取組みを官民一体で支援することに対しても考えることも必要です。

# 第5章 事業性評価融資の進め方

## 1 ▶ 事業性評価融資には外部専門家との連携が必要

① 監督指針の最適なソリューションの難易度

　事業性評価融資は、中小企業の財務データや資産状況ばかりではなく、企業の全体像を捉え、個々の事業内容を掴み、地域における企業の役割を見極め、しかも将来の予測まで把握しなければなりません。

　2016年4月には、経済産業省が「ローカルベンチマーク活用戦略会議」を立ち上げ、この事業性評価融資と相乗効果を狙って「ローカルベンチマークの活用や各金融機関独自の事業性評価に向けた取組みにより、地域の企業と対話を深め、担保や個人保証に頼らず生産性向上に努める企業に対し、成長資金を供給していく」の文言を入れています（ローカルベンチマークについては、p.214以下参照）。

　そのためには、従来よりも詳しい財務報告や経営改善計画、また会社説明書を提出してもらうと同時に、必要に応じて外部専門家のコンサルティングも受けてもらわなければなりません。

　そして、事業の内容をより深く、事業の成長可能性をより確かに把握できたならば、その企業の強みや可能性に脚光を当て、従来ならば通り過ごしてしまったような審査プロセスの手法を駆使して、銀行員は融資実行や条件の緩和に注力しなければならないと思います。

　地域金融機関は、金融庁から「中小・地域金融機関向けの総合的な監督指針」のⅡ-5-2-1の「⑵最適なソリューションの提案」

において「顧客企業の経営目標の実現や経営課題の解決に向けて、顧客企業のライフステージ等を適切かつ慎重に見極めた上で、当該ライフステージ等に応じ、顧客企業の立場に立って適時に最適なソリューションを提案する」ことになっています。「その際、必要に応じて、他の金融機関、外部専門家、外部機関等と連携するとともに、国や地方公共団体の中小企業支援施策を活用する」ことにもなっています。金融庁のガイドラインでもその連携を示唆しています。

しかし、現在の地域金融機関の貸出現場の支店担当者の業務実態を見るに、この監督指針に掲載されたコンサルティングの事例である「顧客企業のライフステージ等に応じて提案するソリューション（例）」自体が極めて高目の球になっていますので、このソリューションの実現可能性は難しいようです。営業店・支店担当者としては、このソリューションを、独力で処理することは例外的なケースを除いてほとんどできないように思われます。

### ▼「中小・地域金融機関向けの総合的な監督指針Ⅱ-5-2-1（「地域密着型金融の推進」関連部分）」

(参考)顧客企業のライフステージ等に応じて提案するソリューション(例)

| 顧客企業の<br>ライフステージ<br>等の類型 | 金融機関が提案する<br>ソリューション | 外部専門家・外部機関等との<br>連携 |
|---|---|---|
| 創業・<br>新事業開拓<br>を目指す<br>顧客企業 | ・技術力・販売力や経営者の資質等を踏まえて新事業の価値を見極める。<br>・公的助成制度の紹介やファンドの活用を含め、事業立上げ時の資金需要に対応。 | ・公的機関との連携による技術評価、製品化・商品化支援<br>・地方公共団体の補助金や制度融資の紹介<br>・地域経済活性化支援機構との連携<br>・地域活性化ファンド、企業育成ファンドの組成・活用 |

| | | |
|---|---|---|
| 成長段階における更なる飛躍が見込まれる顧客企業 | ・ビジネスマッチングや技術開発支援により、新たな販路の獲得等を支援。<br>・海外進出など新たな事業展開に向けて情報の提供や助言を実施。<br>・事業拡大のための資金需要に対応。その際、事業価値を見極める融資手法（不動産担保や個人保証に過度に依存しない融資）も活用。 | ・地方公共団体、中小企業関係団体、他の金融機関、業界団体等との連携によるビジネスマッチング<br>・産学官連携による技術開発支援<br>・JETRO、JBIC等との連携による海外情報の提供・相談、現地での資金調達手法の紹介等 |
| 経営改善が必要な顧客企業<br>（自助努力により経営改善が見込まれる顧客企業など） | ・ビジネスマッチングや技術開発支援により新たな販路の獲得等を支援。<br>・貸付けの条件の変更等。<br>・新規の信用供与により新たな収益機会の獲得や中長期的な経費削減等が見込まれ、それが債務者の業況や財務等の改善につながることで債務償還能力の向上に資すると判断される場合には、新規の信用を供与。その際、事業価値を見極める融資手法（不動産担保や個人保証に過度に依存しない融資）も活用。<br>・上記の方策を含む経営再建計画の策定を支援（顧客企業の理解を得つつ、顧客企業の実態を踏まえて経営再建計画を策定するために必要な資料を金融機関が作成することを含む）。定量的な経営再建計画の策定が困難な場合には、簡素・定性的であっても実効性のある課題解決の方向性を提案。 | ・中小企業診断士、税理士、経営指導員等からの助言・提案の活用（第三者の知見の活用）<br>・他の金融機関、信用保証協会等と連携した返済計画の見直し<br>・地方公共団体、中小企業関係団体、他の金融機関、業界団体等との連携によるビジネスマッチング<br>・産学官連携による技術開発支援 |

| | | |
|---|---|---|
| 事業再生や業種転換が必要な顧客企業<br>（抜本的な事業再生や業種転換により経営の改善が見込まれる顧客企業など） | ・貸付けの条件の変更等を行うほか、金融機関の取引地位や取引状況等に応じ、DES・DDSやDIPファイナンスの活用、債権放棄も検討。<br>・上記の方策を含む経営再建計画の策定を支援。 | ・地域経済活性化支援機構、東日本大震災事業者再生支援機構、中小企業再生支援協議会等との連携による事業再生方策の策定<br>・事業再生ファンドの組成・活用 |
| 事業の持続可能性が見込まれない顧客企業<br>（事業の存続がいたずらに長引くことで、却って、経営者の生活再建や当該顧客企業の取引先の事業等に悪影響が見込まれる先など） | ・貸付けの条件の変更等の申込みに対しては、機械的にこれに応ずるのではなく、事業継続に向けた経営者の意欲、経営者の生活再建、当該顧客企業の取引先等への影響、金融機関の取引地位や取引状況、財務の健全性確保の観点等を総合的に勘案し、慎重かつ十分な検討を行う。<br>・その上で、債務整理等を前提とした顧客企業の再起に向けた適切な助言や顧客企業が自主廃業を選択する場合の取引先対応等を含めた円滑な処理等への協力を含め、顧客企業自身や関係者にとって真に望ましいソリューションを適切に実施。<br>・その際、顧客企業の納得性を高めるための十分な説明に努める。 | ・慎重かつ十分な検討と顧客企業の納得性を高めるための十分な説明を行った上で、税理士、弁護士、サービサー等との連携により顧客企業の債務整理を前提とした再起に向けた方策を検討 |

| 事業承継が必要な顧客企業 | ・後継者の有無や事業継続に関する経営者の意向等を踏まえつつ、M&Aのマッチング支援、相続対策支援等を実施。<br>・MBOやEBO等を実施する際の株式買取資金などの事業承継時の資金需要に対応。 | ・M&A支援会社等の活用<br>・税理士等を活用した自社株評価・相続税試算<br>・信託業者、行政書士、弁護士を活用した遺言信託の設定 |
|---|---|---|

(注1)この図表の例示に当てはまらない対応が必要となる場合もある。例えば、金融機関が適切な融資等を実行するために必要な信頼関係の構築が困難な顧客企業(金融機関からの真摯な働きかけにもかかわらず財務内容の正確な開示に向けた誠実な対応が見られない顧客企業、反社会的勢力との関係が疑われる顧客企業など)の場合は、金融機関の財務の健全性や業務の適切な運営の確保の観点を念頭に置きつつ、債権保全の必要性を検討するとともに、必要に応じて、税理士や弁護士等と連携しながら、適切かつ速やかな対応を実施することも考えられる。

(注2)上記の図表のうち「事業再生や業種転換が必要な顧客企業」に対してコンサルティングを行う場合には、中小企業の再生支援のために、以下のような税制特例措置が講じられたことにより、提供できるソリューションの幅が広がっていることに留意する必要がある。
・企業再生税制による再生の円滑化を図るための特例(事業再生ファンドを通じた債権放棄への企業再生税制の適用)
・合理的な再生計画に基づく、保証人となっている経営者による私財提供に係る譲渡所得の非課税措置

　たとえば、上記ソリューションのうち「創業・新事業開拓を目指す顧客企業」について、貸出現場の支店担当者のコンサルティング内容を見ていくことにしましょう。これは、ライフステージでいえば「創業期」に該当する企業ですから、企業が抱えている事業の数は成長期や成熟期のライフステージの企業に比べて少な目であるはずです。

　企業組織もシンプルですので、「金融機関が提案するソリューション」に記載された「事業価値の見極め」や「公的助成制度やファンド関連」の項目は、他のライフステージに比べてそれほど難しくはなく、高度なスキルや知識も必要ないものと思われます。このライフステージが、成長期・成熟期・衰退期の段階にまで進めば、さらに幅広く深い「情報・スキル・知識」が必要になります。また、企業が大きくなった場合、複数行取引となった時は「1対1」の関係が前提の経営コンサルティングがワークできず、なかなか貸出現場の支店担当者のコンサルティングのスキルや知識では対応できないかもしれません。

また、コンサルティングの質も高度になっています。一昔前とは違って、IT化・国際化が進んでいますので、過去の情報や限られた領域のスキル、また日本固有の知識などを身につけなければなりません。同時に、現場のコンサルティングの場合は、製造現場や販売現場を十分把握して、周辺知識も習得しなければならないかもしれません。

　実際、「金融機関が提案するソリューション」における「創業期」のコンサルティングといえども、金融機関の内部で広範囲の業務に対するノルマを持つ貸出担当者には、簡単には対応ができないかもしれません。

　金融機関が提案することになっているソリューションであり冒頭に書かれている「技術力・販売力・経営者の資質等」といっても、これらの内容は従来から「金融検査マニュアル別冊（中小企業融資編）」の事例に書かれているものばかりです。しかし、営業店・支店担当者としては、これらの定性要因を文書化して、融資実行のための稟議書に、手を加えずに添付するような精度の高い説明資料を作成したことはあまりないようです。

　また、同じくソリューションに書かれている「事業立上げ時の資金需要に対応すること」に関しても、仕入・加工・在庫・販売・代金回収などの業務内容を想定して資金面で検証する必要がありますが、これもあまり経験はないようです。一般的な営業店・支店担当者としては、このプロセスを明確にして、融資に結び付けるキャッシュフローにまでまとめ上げ、文書化するのは、やはり難しいことのようです。

　金融機関としては、取引先企業の内部に踏み込み、高度で最新の知識を必要とするようなソリューションやコンサルティング、経営改善計画の支援、また「ローカルベンチマーク」に基づく真の対話は、とても実現可能なレベルではなく、もはや外部専門家や外部機関等との

連携がなければ、難しいものになっています。

## ② 「事業性評価融資」も営業店・支店の貸出担当者には外部連携が必要か

このことは、「事業性評価融資」についても同様であり、事業内容の習得やその事業の成長性について、自信を持って突っ込んだ支援理由を見出すには、貸出現場の支店担当者としては、外部連携が欠かせないものになっていると思います。その営業店・支店の貸出担当者としては、以下の進め方が現実的手法ではないでしょうか。

(1) 取引先企業の経営者へのヒアリング
(2) 取引先企業の経営者への情報開示資料の提出要請
(3) 取引先企業の経営者からの情報開示資料のチェック
(4) 外部専門家や外部機関等へのヒアリングや関連資料の提供依頼
(5) 事業性評価融資実行後、取引先企業経営者や外部専門家・外部機関等へのモニタリング報告の要請

金融機関担当者は時間的・物理的な制約がなければ、独力で中小企業へのコンサルティングや経営改善計画の策定などは可能かもしれませんが、現在の金融機関の実情やバブル崩壊後の金融機関の歴史を見るに、支店内部のOJT体制の消滅や勤務時間の拘束、担当企業数の増加、また複数行取引による金融機関調整、金融機関自身の法律的な制約、そしてモニタリング活動の持続性を勘案すれば、ほとんど不可能になっていると言わざるを得ません。まして、金融機関の役職員は転勤が必須であることから、これらの業務を処理することは難しいものと思います。

そこで、金融庁の言うとおりに「他の金融機関、外部専門家、外部

機関等と連携するとともに、国や地方公共団体の中小企業支援施策を活用する」ことが求められ、この連携を実践していくことがポイントになると思います。

### ③ 「事業性評価融資」の効果的な進め方

とはいうものの、この総合的なアプローチが必要な「事業性評価融資」を実行し、融資残高を増加させなければ、金融機関自身の存続すら危ぶまれている状況です。そのためには、取引先企業に対して、「①事業性評価の内容・事業内容の把握、②経営課題抽出のための情報の集め方と分析、③取引先の課題の抽出と資金ニーズ、④事業性評価を反映した融資可否判断」を行っていく必要があります。

ついては、中小企業庁ホームページ・平成25年12月13日新着情報のサンプルAの事例にある以下の「債務者概況表」「資金実績表」「計数計画・具体的な施策」に関して、金融機関担当者が取引先経営者と、事業性評価融資を行うためのヒアリングを行うことを想定して、上記の①事業性評価の内容・事業内容の把握、②経営課題抽出のための情報の集め方と分析、③取引先の課題の抽出と資金ニーズ、④事業性評価を反映した融資可否判断の順に、そのやり取りを述べていくことにします。

まずは、読者の皆様は、サンプルAの「債務者概況表」「資金実績表」「計数計画・具体的な施策」を一覧して、以下に読み進んでください。

このサンプルAは全16表ある大量の資料ですが、この3つの表はポイントになる表です。「債務者概況表」は企業内容の概要、PL・BSの推移、取引金融機関の借入概要です。「資金実績表」は資金繰り表であり、融資申込みには必須資料です。「計数計画・具体的な施策」は簡単な経営計画であり、その売上や費用の根拠の概要です。

## 経営改善計画書のサンプル【原則版】

《 債務者概況表》

認定支援機関作成支援⇒社長検証

### ① 対象先・概要

| | | | | | |
|---|---|---|---|---|---|
| 事業者 | 甲株式会社 | | | | |
| 連絡先 | ●●●−●●●−●●●● | 住所 | ××県△△市●● | | |
| 業種 | 製造業 | 設立年月日 | 昭和52年1月25日 | 年商 | 322 百万円 |
| 事業内容 | 自動車部品 | 代表者 | ●● | 年齢 | 60 歳 |
| 資本金 | 10百万円 | 従業員数 | 25名 | 金融機関 | ①A銀行　②B銀行　③C信金　④　⑤ |

事業内容・沿革

昭和52年1月　××県△△市にて創業

平成23年12月　××県△△市に新工場取得

株主構成

| 名前 | 株数 | 関係 |
|---|---|---|
| ●● | 3,500 | 社長 |
| ●● | 1,200 | 長女 |
| ●● | 300 | 長男 |
| 計 | 5,000 | |

役員構成

| 名前 | 役職 |
|---|---|
| ●● | 代取 |
| ●● | 取締役 |
| ●● | 取締役 |

### ④ 銀行取引状況

| 金融機関名 | 22年9月期（実績） | シェア | 23年9月期（実績） | シェア | 24年9月期（実績） | シェア |
|---|---|---|---|---|---|---|
| A銀行 | 195 | 81.1% | 192 | 80.9% | 274 | 76.0% |
| B銀行 | 45 | 18.9% | 45 | 19.1% | 39 | 10.8% |
| C信金 | 0 | 0.0% | 0 | 0.0% | 48 | 13.2% |
| 合計 | 240 | 100.0% | 238 | 100.0% | 361 | 100.0% |

### ② 財務内容及び問題点

平成24年9月期　単位：百万円

| 資産の部 | 決算 | 修正 | 実質 | 負債の部 | 決算 | 修正 | 実質 |
|---|---|---|---|---|---|---|---|
| 現預金 | 39 | | 39 | 支払債務 | 5 | | 5 |
| 売上債権 | 19 | ▲1 | 18 | 短期借入金 | 21 | | 21 |
| 棚卸資産 | 1 | | 1 | その他 | 28 | | 28 |
| その他 | 10 | | 10 | 流動負債計 | 53 | 0 | 53 |
| 流動資産計 | 69 | ▲1 | 68 | 長期借入金 | 340 | | 340 |
| 土地 | 118 | ▲7 | 111 | その他 | 3 | | 3 |
| 建物（附属含） | 118 | ▲7 | 111 | | | | 0 |
| その他 | 48 | | 48 | | | | 0 |
| 有形固定資産 | 284 | ▲14 | 270 | 固定負債計 | 344 | 0 | 344 |
| 無形固定資産 | 0 | 0 | 0 | 負債合計 | 397 | 0 | 397 |
| 会員権 | 0 | | 0 | 資本の部 | 決算 | 修正 | 実質 |
| 投資有価証券 | 1 | | 1 | 資本金 | 10 | | 10 |
| その他 | 71 | ▲2 | 70 | その他 | 18 | ▲16 | 2 |
| 投資等 | 72 | ▲2 | 70 | | | | 0 |
| 固定資産計 | 356 | ▲15 | 341 | 自己資本 | 28 | ▲16 | 12 |
| 資産合計 | 425 | ▲16 | 409 | 負債・資本合計 | 425 | ▲16 | 409 |

主要項目コメント及び問題点

【資産査定】

滞留売掛金▲1、旧工場の含み損▲14、保険積立金の含み損▲2

【財務上の問題点】

平成23年9月に約弁正常化も足元の資金繰り厳しい。

### ⑤ 現状と認識課題

- 平成24年3月の尖閣諸島問題に端を発する中国での日本車不買運動により、受注が大幅に減少。
- 営業体制強化による売上拡大が課題。
- 平成24年9月期に17名の人員削減を実施済みであるが、更なる経費削減が課題。
- 旧工場について可能な限り早期に処分し担保権者に弁済することが課題。

### ③ 業績推移等

| （単位：千円） | 22年9月期（実績） | 23年9月期（実績） | 24年9月期（実績） | 25年9月期（見込） |
|---|---|---|---|---|
| 売上高 | 222 | 350 | 322 | 138 |
| 営業利益 | 21 | 39 | ▲27 | ▲35 |
| 経常利益 | 35 | 45 | ▲23 | ▲26 |
| 当期利益 | 35 | 33 | ▲23 | ▲26 |
| 減価償却 | 14 | 28 | 37 | 28 |
| 決算上自己資本 | 19 | 52 | 28 | 2 |
| 修正 | | | ▲16 | ▲16 |
| 実質自己資本 | | | 12 | ▲14 |
| 中小企業特性 | | | 5 | 5 |
| 特性反映後実質自己資本 | | | 17 | ▲9 |
| 金融機関からの借入金 | 240 | 238 | 361 | 340 |

【分析結果】

平成24年3月の尖閣諸島問題に端を発する中国での日本車不買運動による受注減で赤字傾向となり、平成25年9月期には実質債務超過となる見込。

| | | |
|---|---|---|
| 収益弁済原資 | 14 百万円 | |
| 債務超過解消年数 | 5 年 | （中小企業特性反映後ベース） |
| 債務償還年数 | 26 年 | （借入金361÷収益弁済原資14＝26年） |

### ⑥ 経営改善計画策定方針

- 営業体制強化による売上高の拡大
- 経費削減（役員報酬、人件費、消耗品費等）
- 旧工場の処分

# 経営改善計画書のサンプル【原則版】

**認定支援機関作成支援⇒社長検証**

《 資金実績表 》

(単位:千円)

## 1. 平成24年9月期(前期実績)

| 平成24年9月期 | 前年繰越 | 10月 | 11月 | 12月 | 1月 | 2月 | 3月 | 4月 | 5月 | 6月 | 7月 | 8月 | 9月 | 計 |
|---|---|---|---|---|---|---|---|---|---|---|---|---|---|---|
| 売上高 | | 30,624 | 33,857 | 37,774 | 38,480 | 27,784 | 34,538 | 29,421 | 27,446 | 21,744 | 17,260 | 12,250 | 11,066 | 322,243 |
| 借入 | | 20,430 | 4,658 | - | 46,425 | 115,385 | - | - | - | - | - | - | 20,765 | 221,037 |
| 返済 | | 217,931 | - | 4,732 | 3,946 | 18,402 | 4,732 | 3,952 | 3,450 | 38,462 | 19,108 | 4,740 | 4,601 | 98,261 |
| 借入金残高 | 238,361 | 217,931 | 213,273 | 208,541 | 251,020 | 348,003 | 343,272 | 339,320 | 335,870 | 368,820 | 349,713 | 344,973 | 361,137 | 361,137 |
| 現預金残高 | 81,514 | 62,382 | 54,869 | 47,267 | 90,560 | 68,828 | 68,170 | 75,243 | 67,272 | 100,515 | 75,853 | 33,646 | 39,261 | 39,261 |

## 2. 平成25年9月期(今期実績・見通し)

| 平成25年9月期 | 前年繰越 | 実績 | | | | | 見通し | | | | | | | 計 |
|---|---|---|---|---|---|---|---|---|---|---|---|---|---|---|
| | | 10月 | 11月 | 12月 | 1月 | 2月 | 3月 | 4月 | 5月 | 6月 | 7月 | | | |
| 売上高 | | 8,147 | 8,888 | 11,613 | 13,746 | 10,449 | 8,996 | 11,679 | 12,263 | 12,876 | 13,520 | | | 112,178 |
| 借入 | | 38,295 | - | - | - | - | - | - | - | - | - | | | 38,295 |
| 返済 | | 38,781 | 7,528 | 597 | - | - | - | - | - | - | - | | | 46,905 |
| 借入金残高 | 361,137 | 360,651 | 353,124 | 352,527 | 352,527 | 352,527 | 352,527 | 352,527 | 352,527 | 352,527 | 352,527 | | | 352,527 |
| 現預金残高 | 39,261 | 23,129 | 21,834 | 23,770 | 16,399 | 21,493 | 26,920 | 31,675 | 32,241 | 33,699 | 35,462 | | | 35,462 |

(注)平成24年12月中に返済猶予の要請を行い、元金の支払いを停止している。

## 3. 平成25年9月期(仮に返済猶予が行われなかった場合)

| 平成25年9月期 | 前年繰越 | 実績 | | | | | 仮 | | | | | | | 計 |
|---|---|---|---|---|---|---|---|---|---|---|---|---|---|---|
| | | 10月 | 11月 | 12月 | 1月 | 2月 | 3月 | 4月 | 5月 | 6月 | 7月 | | | |
| 売上高 | | 8,147 | 8,888 | 11,613 | 13,746 | 10,449 | 8,996 | 11,679 | 12,263 | 12,876 | 13,520 | | | 112,178 |
| 借入 | | 38,295 | - | - | - | - | - | - | - | - | - | | | 38,295 |
| 返済 | | 38,781 | 7,528 | 7,520 | 6,154 | 6,538 | 7,692 | 5,385 | 6,308 | 6,538 | 6,077 | | | 98,521 |
| 借入金残高 | 361,137 | 360,651 | 353,124 | 345,604 | 339,450 | 332,911 | 325,219 | 319,834 | 313,527 | 306,988 | 300,911 | | | 300,911 |
| 現預金残高 | 39,261 | 23,129 | 21,834 | 16,847 | 3,322 | 1,877 | ▲387 | ▲1,017 | ▲6,759 | ▲11,840 | ▲16,154 | | | ▲16,154 |

## 経営改善計画書のサンプル【原則版】

[認定支援機関作成支援⇒社長検証]

### ≪計数計画・具体的な施策≫

#### 数値計画の概要

(単位:千円)

| 項目 | 実績-2<br>平成23年9月期 | 実績-1<br>平成24年9月期 | 計画0年目<br>平成25年9月期 | 計画1年目<br>平成26年9月期 | 計画2年目<br>平成27年9月期 | 計画3年目<br>平成28年9月期 | 計画4年目<br>平成29年9月期 | 計画5年目<br>平成30年9月期 |
|---|---|---|---|---|---|---|---|---|
| 売上高 | 350,300 | 322,243 | 138,077 | 144,981 | 152,230 | 159,841 | 159,841 | 159,841 |
| 営業利益 | 38,562 | 27,165 | ▲34,526 | 7,901 | 1,621 | 6,173 | 11,532 | 12,499 |
| 経常利益 | 44,966 | ▲23,032 | ▲25,761 | ▲10,980 | ▲1,243 | 4,462 | 9,171 | 10,428 |
| 当期利益 | 32,762 | 23,251 | 25,815 | 24,880 | 1,297 | 4,408 | 9,117 | 10,374 |
| 減価償却費 | 27,832 | 36,525 | 28,434 | 18,454 | 15,950 | 13,609 | 12,320 | 11,002 |
| 簡易CF(経常利益＋減価償却費－法人税等) A | 61,304 | 13,374 | 2,619 | 7,420 | 14,653 | 18,017 | 21,437 | 21,375 |
| 返済金残高 | 81,514 | 39,261 | 53,986 | 46,197 | 51,170 | 57,358 | 64,969 | 69,201 |
| 金融機関借入残高 | 238,361 | 361,137 | 352,527 | 333,858 | 323,309 | 310,891 | 296,006 | 278,010 |
| 資本性借入金 | | | | | | | | |
| 運転資金運転務残高 | 48,329 | 13,911 | 5,533 | 6,096 | 6,439 | 6,800 | 6,803 | 6,803 |
| 差引運転資務残高 B | 108,518 | 307,965 | 293,008 | 281,566 | 265,700 | 246,734 | 224,235 | 202,006 |
| CF倍率 A÷B | 1.8 | | 23.0 | 37.9 | 18.1 | 13.7 | 10.5 | 9.5 |
| 実質資産額 | 51,563 | 28,312 | 2,497 | ▲22,383 | ▲23,680 | ▲19,272 | ▲10,154 | 219 |
| 実質純資産額 | | 17,158 | 13,657 | ▲24,691 | ▲25,987 | ▲31,579 | ▲12,462 | ▲2,088 |
| 中小企業特性反映後実質純資産額 | | | 8,657 | ▲19,691 | ▲20,987 | ▲16,579 | ▲7,462 | 2,912 |

(注)計画3年目に経常黒字化している。計画5年目に中小企業特性反映後実質純資産額を解消し、その時点のCF倍率は5倍と10倍以下となっている。

#### 社長作成

| | 課題 | 実施時期 | 具体的な内容 |
|---|---|---|---|
| 1 | 営業体制の強化 | 平成25年4月～ | 既存顧客へのフォローアップ回数増による追加受注や、自動車以外の工作機械メーカーへの新規営業による切削機器の受注機会を提供してもらい、営業担当者を各自にて作成し、営業会議にて営業情報、営業方針・営業戦略、月次売上目標を認識してもらい、顧客別の予実管理を行うとともに、フィードバックできる体制を構築します。 |
| | 顧客別予実管理 | | これまでは営業担当者の情報共有があまり行われていなかったため、毎週水曜日の午前中に営業会議を開催します。各営業担当者から営業管理シートに記載した営業戦略や売上目標、進捗度やお客様対応状況について発表してもらいます。参加者全員でその内容について協議するとともに、成功例や失敗例を共有して営業能力の向上を図ります。 |
| | 営業会議の開催 | 平成25年4月～ | |
| 2 | 経費削減 | 平成24年9月 | この度の業績悪化に対する経営責任として、役員を含む3名の役員報酬を各人の生活に必要最低限の金額まで削減します<br>(平成24年9月に実施済み) |
| 2 | 旧工場の処分 | 平成26年9月期中 | 売却代金については担保提供である大銀行に対して返済を行い、支払利息の圧縮を図ります。 |

#### 経営改善計画書に関する表明事項

| 対象会社 | 弊社はこのたび、財務体質の抜本的改善と事業面の立て直しを図るべく事業計画を策定いたしました。弊社では、本計画に基づき、金融機関様のご支援のもと、社長・従業員が一丸となって事業再生を推進する所存でございます。このような事業を担う、金融機関には多大なご迷惑をおかけしますが、本計画についてご理解頂きたくお願い申し上げます。 |
|---|---|
| 主要債権者 | 申請会社より事業計画への取り組み誠意を受けたため、経営改善計画の誠意ある取り組みを前提条件として、本計画書に記載された金融支援を行います。 |

なお、事業性評価融資にからめて、経済産業省や金融庁が推奨している「ローカルベンチマーク（p.214以下参照）に基づく対話」を行う場合も、このサンプルＡの3表を用意しておくことはその対話の効果を高めることになります。

## 2 ▶ 事業性評価の内容・事業内容の把握

　この項目の把握については、営業店・支店の貸出担当者は、金融庁の監督指針に掲載された「顧客企業のライフステージ等に応じて提案するソリューション（例）」と、金融検査マニュアル別冊（中小企業融資編）の「定性分析項目別の類似事例分類表」（p.100）をチェックリストとして、経営者にヒアリングを行うことをお勧めします。

　ヒアリングに先駆けて、対象企業のホームページや会社説明書を一覧しておいてください。

　同時に、①債務者自身の業界での位置付け、②内部組織・目標管理の動向・内部管理・内部統制の状況、③従業員の数・正社員の比率、④職場（営業所・工場など）の分散度合いなどの項目を準備しておいてください。金融機関の営業店・支店の貸出担当者は、今までの経験を思い浮かべ過去に接してきた企業の担当者として、自分の中にでき上がった企業常識・企業目線を想定し、それらとの相違点を抽出して、ヒアリングされることをお勧めします。

　さらに、メーカーならば工場見学をし、販売業ならば営業拠点・倉庫・物流拠点の視察も有効です。

　このほか、この企業について、業種面・業態面の目線を作るためには、「業種別審査事典」も参考になります。

【ヒアリング会話例】（p.151 ～ 153のサンプルＡの３表を参照）

担当者：社長、御社は自動車部品のメーカーですが、どのような部品なのですか。

経営者：当社のホームページに載せていますので、ぜひ見ておいてください。

担当者：その部品は、主に自動車のどの部分の部品なのですか。そして、御社が製作している部品の強みはどのような点にあるのですか。また、御社の部品の販売先は、○○自動車と聞いていますが、販売シェアは50％くらいですか。

経営者：当社の部品は、自動車のシートのリクライニング部分です。当社は、他社とは違って、切削技術と回転部分強化技術、そしてシート素材との接合技術に優れているのです。この切削技術と回転部分強化技術については、当社の熟練工の加工技術が高いこと、そしてシート素材との接合技術は丁寧な加工技術が認められているのです。この技術は昔から○○自動車に高い評価を得ており、その販売シェアは80％となっています。

担当者：わかりました。○○自動車への販売シェアの集中のために、25年9月の売上の落ち込みが発生したのですね。○○自動車の工場は中国だから、尖閣諸島問題で売上が大幅にダウンしてしまったということですね。この売上の低下は、ずっと続くのですか。

経営者：私どもは詳しいことはわかりませんが、○○自動車の課長によれば、しばらくは続くとのことですね。

担当者：この売上の低下は、一時的なものということではないのですか。御社にとっては、○○自動車への売上は80％かもしれませんが、○○自動車にとっては御社のシェアは数％ではないかと思います。どうして、旧工場を処分したり、17人もの人員の削減を急いだの

ですか。御社は昭和52年以来の納入業者であり、○○自動車としても、重要な下請企業ではなかったのではないですか。

経営者：そうですよ。私どもも、その点はかなり悩みましたが、この尖閣諸島問題による売上の大幅な落ち込み前に、リーマンショックがあり、その後、東日本大震災時に苦労させられました。そこで、将来の売上回復は難しいと判断し、旧工場の処分や人員削減を急いだということです。私たちの一部の熟練工を退社させる時は、とても辛かったですよ。

担当者：ということは、御社は当行に対して、技術力や販売力について、その強みの情報を入れてくれなかったのですか。御社は、他社とは違って、切削・回転部分の強度の技術とシート素材との接合技術に優れており、御社の熟練工の技術が高いことを前もって当行に伝えていただきましたか。

経営者：そのようなことは、あなたの前任者には、いつも面談をする度に話していましたよ。その前任者の文章は、銀行の内部資料として残っていないのですか。またはあなたへの引継ぎ資料として残っていないのですか。私どもが、工場の処分をすることになったり、工員や職員のリストラをする時にも、何回も担当者にはお話を入れましたよ。支店長さんには、時間が取れなかったことから、リストラを行うという結論しか話していませんが、当然私たちの考え方はわかってもらっていると思いました。

担当者：残念ながら、御社の技術力については、「大企業も認める高い技術」と前任者の稟議書の一文として記録に残っていますが、御社の自動車シートのリクライニング部分の高技術や熟練工の切削・回転部分の強化技術や接合技術については、全く文章には残っていなかったと思います。税理士などの専門家のまとめた文章や、ホー

ムページの写しなどの書類を、銀行に提出することはありませんでしたか。

経営者：確かに文書によって当社の強みを、情報開示の資料として銀行に提出したことはありませんでした。

担当者：しかし、御社は経営改善計画を提出していますが、その将来の売上推移の根拠の中に、御社の技術力や熟練工に関する強みを記載しましたか。

経営者：確かに自社の強みを文書にして、銀行さんには届けていなかったと思いますが、前任担当者が、上司や本部に対して、当社の強みを伝えていなかったことは残念なことでしたね。

担当者：そうですね。やはり技術力や販売力ということは、数値に表すことができない定性的な特徴ですから、税理士などの専門家に第三者として文書化してもらうのは、有り難いことですね。このことは、今後、地域金融機関のメジャー商品に育つと思われている「事業性評価融資」にも当てはまることですね。よろしくお願いします。

## 3　成長可能性への経営課題抽出のための情報の集め方と分析

　経営課題の抽出については、「SWOT分析」「PEST分析」「ファイブフォース分析」「3C分析」「バリューチェーン分析」の5つのフレームワークに沿って、対象企業の売上面・費用面の問題点を、外部環境分析や内部環境分析で浮き彫りにすることをお勧めします。特に、「SWOT分析」は最も普及しているフレームワークであることから、金融機関が外部連携をする専門家や専門機関との伝達手段に活用されています。

　同時に、第2章「中小企業経営者に対する当事者能力強化と情報開

示力強化への要請不足」の課題是正内容に沿って、情報開示資料の提出を依頼します。税理士などの専門家の支援が必要なときは、まずは対象企業を通して支援環境を作ってもらうことです。

　さらに、対象企業の「経営理念」「ビジョン」が明らかな場合、また「経営改善計画」を実施している場合などは、その浸透・進捗状況、活用法などをヒアリングしたいものです。

　また、経営課題については、財務面に構造的な問題を抱えているおそれがあれば、貸借対照表（BS：バランスシート）の精査が必要になります。BSの時系列推移や、確定申告の決算書と中小会計要領・実態バランスシートとの対比を見ることで、対象企業の財務面の問題点が明確になります。

　金融機関の営業店・支店の貸出担当者は、これらの分析を行うときには、まず取引先から提出される資料や文書を見る前に、「自分自身ならばどのような資料や文書を作成するか」というイメージを持つことが大切です。その後に、提出された資料・文書と担当者自身のイメージとの相違点・違和感を抽出し、この点の精査やヒアリングを行うことをお勧めします。もし、その分析が初めてであったり、全く新規の業務である場合は、先輩や上司にその分野の注意点やポイントを聞いておくことをお勧めします。成長可能性への経営課題抽出の早道になります。

**【ヒアリング会話例】**（p.151～153のサンプルAの3表を参照）

担当者：御社の債務者概況表を見ますと、24年9月期までの売上322百万円が25年9月期の見込みでは138百万円になっています。これは、売上が約60％落ち込む見込みということですね。一般的な企業ヒアリングの場合は、強み・弱み・機会・脅威に事象を分ける

「SWOT分析」によりますが、私どもとしては、まずこの数値の動きについてお聞きしたいと思います。

経営者：おっしゃる通りですね。この売上の急落は、当社としても頭を抱えることですからね。

担当者：私どもとしては、売り手である顧客の状況から教えていただきたいと思います。御社の周りには「供給業者」「代替品・サービス」「新規参入」「業界内競争・敵対関係の強さ」という、押さえておきたい項目もありますが、やはり、まずはこの「顧客」「売り先」の部門に問題が集中していると思いますね。これらの項目は、「ファイブフォース分析」という分析手法のチェック項目ですが、この「顧客」部門については、「買い手の集中化」が大きな原因ということになるのですか。このような状態が生じる前に、やはり、顧客の分散化が必要であったように思いますが……。

経営者：私もよくわかっていましたが、何と言っても、私どもは下請企業ですから、どうしても元請先のご機嫌を損ねることはできませんよね。しかし、今まではあまり不安のないまま進んでくることができていましたからね。

担当者：よくわかりますが、実際に売上の急落は起きてしまっているのですよね。過去の商品別の売上推移と御社取引の収益推移の一覧表はいただけますか。そして、すでに何らかの対策は講じられているのですか。

経営者：その一覧表はお出しいたします。ということで、先月から、売上シェア80％の○○自動車のウェイトを落として、工作機械メーカー等への新規営業に注力することにしました。営業担当者への目標管理も厳しく行います。

担当者：その動きは理解できますが、従来の○○自動車の販売チャネ

ル工作はいかがするおつもりですか。

経営者：今までも、○○自動車の他の部門への新規工作はしておりましたが、当社の営業担当者への目標管理など甘い点がありました。今後は細部にまで踏み込んで管理していこうと思っています。また、○○自動車とは長い取引実績があり、当社の技術力もよく理解してもらっていますから、販路の紹介を再度お願いするつもりです。

担当者：一方、メーカー部門については、御社の強みである切削・回転部分強化技術や素材との親和性の技術はいかに活かしていくおつもりですか。

経営者：強度化技術の熟練工は退社しましたので、切削技術と親和性技術の両面を活かして、販路を見つけていこうと思っています。

担当者：社長のおっしゃることはわかりますが、旧工場を処分されるとのこと、その切削技術と親和性技術は新工場で活かすことができるのですか。その熟練工の皆さんは、退社するというようなことはありませんよね。

経営者：退社はありません。いろいろ課題がありますので、一つひとつ着実に解決していかなければなりませんが、頑張ります。

担当者：頑張っていただくことはわかりますが、私ども金融機関としても、貸出を続けるつもりですから、今後の売上上伸計画・費用削減計画、利益処分計画、そして私どもの借入返済計画も明確にしてもらわないと困ります。それから、旧工場の処分計画も、いつ・何を・いかにというような「5W1H」の計画資料を出してください。

経営者：おっしゃることはわかりますので、すぐに手配しますが、何といっても、すでに17人も退社してしまい、内部事務は混乱しています。顧問税理士の○○先生に依頼したいと思いますが、よろしいですか。

担当者：それは結構ですが、銀行交渉は、常に社長さんが同行してもらわないと困ります。税理士先生も、非弁行為になって責任を取らされることになってしまいますよ。

経営者：では、次回は、税理士先生を同席して、話合いを持ちたいと思います。資料はお願いしますので、間に合うと思います。

担当者：了解しました。では来週早々、税理士さんとの時間を作ってください。

────────────────────────────────

経営者：では、私どもの顧問税理士の○○先生をご紹介します。今後は、先生に私どもの会社の組織変更から目標管理、また事務全般の管理をお願いするつもりです。

税理士：どうぞよろしくお願いします。

担当者：当社は、大幅な売上減少後の販売力強化、引き続きのコスト削減、また新規の販売チャネル開拓、熟練工の人材確保など、多くの課題を抱えております。税理士先生には、社長の支援を行うと同時に、情報開示資料の作成も合わせ、お願いしたいと思います。また、これだけの業務をこなす上での問題点やさらに生じる課題についても、極力書面で銀行の方に提出していただきたいと思います。

税理士：了解しました。私と私の事務所の当社担当とで、何とかこの窮境を乗り切っていきたいと思います。とはいうものの、私どもも、金融機関さんの情報も欲しいものです。また、長年の金融機関の当社に対するご意見も教えていただきたいと思います。できれば、金融機関さんの当社に対するSWOT分析の状況を教えていただければ有り難いのですが……。

担当者：ぜひ、書面による御社からの情報提供をお願いしますね。私どもとしては、SWOT分析結果の公式な書面は出せませんが、担

当者サイドの意見交換はできると思います。

税理士：私どもも、当社全体や各部門のSWOT分析はしておりますので、やはり客観的な見方をされる銀行さんとの情報交換は有り難いことです。

担当者：私どもも、最近は「地域企業応援パッケージ」施策で地域の産業や公的機関の動きを把握するようになっています。さて、御社は「経営理念」「ビジョン」などについて、あまり社内に徹底されていないように思いますが、この機会にそれらを策定し、皆に徹底されてはいかがでしょうか。このような窮地を乗り越えるには、どうしても、経営者や従業員が一つにまとまる「経営理念」「ビジョン」は必要になるものと思いますが。

経営者：最近では、現在の窮地を乗り越えるためには、並大抵の努力ではままならないことがよくわかり始めました。今、おっしゃったような「経営理念」「ビジョン」などは、その通りだと思います。早速検討しますが、どうぞよろしくお願いいたします。

## 4 ▶ 取引先の課題の抽出と資金ニーズ

　企業の個別の事業内容やその成長可能性が評価できれば、事業性評価融資が実行されることになると思います。そのプロセスにおいては、長期資金繰りと短期資金繰りの検討とその中に含まれる取引先の課題の抽出が必要になります。

　長期の資金繰りの検討時には、キャッシュフローの算出がポイントになりますので、やはり、しっかりした実現可能な経営改善計画の策定があれば助かります。特に、事業再生を目指す企業の資金ニーズについては、連携対象者である税理士などの専門家とのチームワークと

情報交換が必要になります。再生手法も資金ニーズを明確にしなければ、上手く稼働できません。

　短期資金繰りや短期に継続する資金ニーズについては、前述の「事業性評価融資と金融検査マニュアル別冊（中小企業融資編）との比較」「『短期継続融資』『資本的資金充当貸出』『資本性貸出金』などの事業性評価によるランクアップ事例」の項目（p.114）を参照されると役立ちます。ここでは、借入時の資金使途とその返済財源について解説しています。同額の資金ニーズであろうとも、資金使途によって、その返済期間や返済方法も違ってくることについて述べています。

　とはいうものの、158ページ以降の「ヒアリング会話例」で述べたような、大幅な売上の落ち込みや人員削減を行ったようなケースは、やはり経営改善計画の策定を要請するなどの慎重な検討が必要です。この経営改善計画の策定時には、取引先企業としては自社の課題を種々検討し、過去の計数の時系列的な分析や、外部環境分析や内部環境分析を行って、将来に向けた課題の絞り込みをしなければなりません。同時に、それぞれの事業や課題に関連する、資金ニーズも明らかにしておく必要があります。取引先から提出される経営改善計画策定の裏側にある種々の検討事項とともに、資金ニーズも明確にして、あらかじめ金融機関に資金支援を依頼しておくことが重要です。

　以上3つのケースを述べましたが、事業性評価融資の支援では、各金融機関が足並みを揃えて応援姿勢を堅持しているならば、企業はほとんど巡航速度で航行できるものと思われます。

　前記のような経営改善計画策定までの準備や内部体制の構築までは必要のないケースがほとんどです。しかし、企業内部やその周囲に、このようなしっかりした経営改善計画策定ができるような知識やスキルを持った人材がおり、アドバイスを受けることができる環境にある

ことは理想的です。そのような人材は、事業性評価融資の支援の時であろうとも、企業や金融機関が求めるならば、その取引先の長期的な課題や喫緊の課題を抽出し、一緒に対策を考えてくれることは、企業にとっても金融機関にとっても極めて有り難いことです。このような外部連携は大切にするべきです。

### 【ヒアリング会話例】

経営者：私どもの経験では、新しい試みをすることによって、資金繰りが苦しくなることが多くなるので、どうしても現状維持の動きになってしまいます。収益が上がるとわかりながら、目の前の資金繰りが怖くて、保守的になることが多いと思います。

担当者：確かに、明確な資金繰りがわかりませんと、なかなか貸出支援は行いにくいものですね。

経営者：たとえば、熟練工を雇う場合でも、本格稼働までには時間がかかり、人件費負担が大きくなります。技術力を高めるには、研究開発費が前倒しに出ていってしまうし、売上増加を狙えば、拠点づくりや流通在庫で資金が先に出ていきます。このようなことは、資金繰り表で説明すれば、できないことではないと思いますが、入金予定は新規の取引先次第であり、言うは易く行うは難しということになりますね。

担当者：特に、技術力や販売力については、定性的な要因が多い上に、資金繰りに貢献するのはかなり時間が経った後になりますから、資金の前払いのリスクはかなり大きいですね。実際、資金繰り推移表も作り難いものですね。

経営者：とはいっても、金融庁は、ある時払いの催促なしの「短期継続融資」や「資本性貸出金」を積極的にPRしていますね。どのよ

うにしたら、その貸出を借りることができるのですか。

担当者：そうですね。十分に堅実な予測の下に、借入れをしたにもかかわらず、やむを得ぬ事情で返済ができなくなった場合は、必ずしも「資金繰り表」がなくとも、しっかりした情報開示資料があれば、返済を先に延ばしていることはありますね。

経営者：では、どんな情報開示資料があればよいのですか。

担当者：一般的には、中小会計要領に沿った決算書と、実現可能性の高い経営改善計画、そして、SWOT分析などで裏付けられた会社説明書の3点があれば、認められるようですね。それら情報開示資料の内容が、極端に非現実的ではない限り、各金融機関ともに返済期日を延ばしているようですね。

経営者：このことは、事業性評価融資にも当てはまりますか。あまり厳格な情報開示資料がなくとも、販売力や技術力、経営者の高い資質などの強みがある企業に対しては「金融検査マニュアル別冊（中小企業融資編）」では、特に文書の提出をしなくとも、銀行の内部の承認で債務者区分の引上げを認めて、支援してくれているようですね。事業性評価融資については、同様な対応をしてくれないのですか。

担当者：確かに、金融検査マニュアル別冊（中小企業融資編）の定性要因の場合は、中小・零細企業を対象にしていますから、社内の財務体制がしっかりできていないケースが大半でしたよね。したがって、極めて柔軟で寛大な対応がとられていたと思います。しかし、事業性評価融資は、中小企業全般が対象ですから、極力、資金繰り表に今後の予測を落とし込んでもらったり、技術力や販売力などの強みについては文書にまとめてもらうことが必要かもしれませんね。まだ、それほどの実例がありませんから、はっきりしたことは言え

ませんが、事情を明確にした書類を金融機関に提出することが望ましいと思います。

　中小企業に寄り添う税理士に依頼することで、これらの書類の精度はかなり高まるものと思います。融資の意思決定者である支店長や本部の融資部長は、融資現場を見ないままで、決裁をしなければなりません。文書による説明書、できれば、借り手ではなく中立的な立場の税理士などの専門家による文書があれば、承認は得やすいということですね。

経営者：さて、返済猶予を受けていると、新規に借入れができないと言われていますが、何か対策はありませんか。

担当者：まずは、返済猶予先は、正常な返済を始めれば、ほとんどの債務者区分がランクアップして、新規の借入れができるようになるといわれています。

経営者：しかし、多くの中小企業は複数の金融機関と取引をしていますから、それぞれの金融機関の利害がぶつかって、各金融機関の返済が付けられないといわれています。

担当者：しかし、金融円滑化法の第4条に謳っていた「旧債の借換（債務の一本化）」を行った後、多少の減額を行って、経営改善計画で割り出したキャッシュフローや返済財源で、各金融機関が原則プロラタ（比例配分）で正常返済を行えば、新規融資が受けられるようになると言っています。税理士などが中に入って、複数の金融機関を調整してくれれば、解決すると思います。

経営者：そうはいっても保守的な金融機関は、そんなに簡単に支援をしてくれるのでしょうか。

担当者：事業性評価融資として、事業内容や成長可能性がある先には、各金融機関は従来の審査基準の目線を下げて、積極的に融資をする

ようになっています。マイナス金利の下、金融機関も融資残高を伸ばさなければならないのです。また、金融円滑化法の下、金融機関が支援方針を変えなかったならば、中小企業の倒産件数は戦後最低件数になっていましたよね。この事実からも、事業性評価融資は、今後広がっていくと思います。また、徐々に返済猶予先も経営改善計画が提出され、正常返済が増加してくるものと思われます。

経営者：では、取引先の課題に沿って、資金ニーズが明確になれば、従来よりも金融機関は柔軟で寛大に融資を実行してくれるようになるということですか。

担当者：そうですね。事業性評価融資が、金融業界に広がることになり、その事業性評価に関して、税理士などの専門家が文書を作成し、金融機関に提出するようになれば、かなり融資姿勢は柔軟になり、融資残高は拡大していくものと思われます。

## 5 ▶ 事業性評価を反映した融資可否判断

　再度、第4章の「金融機関の審査プロセス」（p.95）の網掛け部分をご参照ください。従来の審査プロセスと事業性評価融資の審査プロセスにおいて、それぞれの融資可否の判断が明確になります。従来は、与信管理面で保守的な判断が先行し、なかなか融資実行の決定ができなかった案件に対して、事業の内容や成長可能性という「事業性評価」で認められる場合は、積極的に融資を行っていくことになりました。特に、この網掛け部分については、金融庁が公表する「金融検査マニュアル別冊（中小企業融資編）」や「監督指針」で、各行に対して融資判断にて実行を促していましたが、各行内部の保守的な与信管理のため、必ずしも多くの金融機関で取り上げることにはなりませんでした。

しかし、今般の金融行政方針によって、「事業性評価」に基づく融資は、各行ともに、極力融資実行の判断を積極的に行っていこうという方向性を勧奨しています。すなわち、企業審査の定性分析の項目や、事業審査の正常な運転資金・資本的資金充当貸出、また担保保証チェックの流動資産担保やコベナンツについては、「事業性評価」の切り口から吟味をすれば、そのほとんどが融資可能の判断になるものと思われます。

　また、「エリア審査」部分についても、地域貢献や地域活性化、地域の特殊性を踏まえた審査判断をすれば、実行可能の判断になるという「リレバン的な見方」「事業性評価の見方」で、融資ができるということになりました。

　そして、この事業性評価の判断は、「事業の内容や成長可能性」の観点を重視するものですから、財務報告面では、特に損益計算書の改善に貢献する要因に注目されるようになっているということです。将来的には、事業性評価は黒字をもたらすということです。

　ついては、「SWOT分析」などの5つの経営学フレームワークの検討は、やはり黒字化を目指すものであり、この点からも、金融機関の貸出現場の担当者としては、注視しておく必要があると思います。

## 【ヒアリング会話例】

経営者：事業性評価を反映した融資可否の判断といっても、「雨が降ったら傘を取り上げ、晴れたら傘を貸す」とか、「貸してくれる傘は日傘のみ」と揶揄される銀行が、本当に事業性評価を認めて、積極的に貸してくれるのですか。

担当者：そうですね。銀行融資のバイブルである「金融検査マニュアル」「金融円滑化編」の「Ⅲ．個別の問題点」「1．共通」「①【与信

審査・与信管理】」に次のように書かれていますので、今度こそ、金融庁は本気で融資の拡販をすると、各金融機関も思っているようですね。正に、金融機関の行動原則である「プリンシプル」になったといえると思います。

　ちなみに、「中小企業金融円滑化法の『金融機関の努力目標』を遵守し、債務者中小企業が、複数行取引をしている場合、その協融金融機関の一つでも貸出の回収に入った場合、すべての金融機関の足並みが乱れ、中小企業への支援体制が崩れること（になります。このこと）を防止するために、『他の金融機関等が当該債務者に対して貸付条件の変更等に応じたことが確認できたときは、金融円滑化管理方針等に基づき、貸付条件の変更等に応じるよう適切に対応しているか。』と述べています。「複数行取引中の金融機関は、一行のみで支援体制に逆らうことは不味い」と明言しています。ここまで、金融検査マニュアルに明記している以上、金融庁の方針はとにかく「中小企業に貸出をすべきである」ということで、この方針は不変であると、金融機関も考えています。担当者としてはやや言い過ぎかもしれませんが、事業性評価を金融機関が判断するに当たり、経営者自身が「この借入れは自社に利益を必ずもたらす」と力説しているならば、なかなかその主張を覆すことはできません。銀行における貸さない論理がいまや通らない以上、経営者が情熱をもって銀行員に資金使途について論理的な説明をすれば、または文章で申請すれば、ほとんどOKになると思われます。

**経営者**：しかし、銀行は金融検査マニュアルに書かれている貸せない理由が一つでもあれば、それを貸さない理由にして、すぐに『金融庁検査で禁じられています。』と言いますね。

**担当者**：しかし、今回は、金融庁検査では『原則、個別案件の融資判

断は金融機関に任せ、チェックさえ行わない。』と金融庁は公表しています。むしろ『貸せる理由を探してください。』ということが、『プリンシプル（行動原則）』になりましたね。

経営者：そうは言っても、すべての企業などに融資を無条件にするようになったら、「モラルハザード（倫理欠如）」になってしまいませんか。

担当者：したがって、「事業性評価」という基準を入れているとも言えますね。とはいうものの、マネー洗浄（マネーローンダリング）に関する規定は絶対ですから、テロリストや裏の世界に関係する資金については、絶対に取り扱うことは禁じられています。

経営者：それは当然ですが、本当にそのような変化があったのですか。

担当者：地域で中小企業が成長しなければ、地域は衰退し、金融機関の基盤も早晩崩壊してしまうということですね。少子高齢化が進行している県では、県内の上場企業の大半を金融機関が占めるようになり、事業会社の上場会社はその県にはほとんどありません。中小企業こそ、県の成長の機関車役なのです。一方、金融機関は地元から離れることができませんので、東京や名古屋などの大都市に出店し、当面の縮小化を防いでいるようです。とにかく地域活性化こそ、金融機関も中小企業も喫緊の課題であり、中小企業に対する期待は大きいのです。

経営者：そうですか。金融機関も少子高齢化で、統廃合が進むといわれていますね。

担当者：いよいよ、銀行も背に腹は代えられない心境になったともいえるのです。今、貸出を増やさなければ、多くの銀行は統廃合をされてしまうことになるのです。しかも、返済猶予先が30万社以上あるといわれるなか、倒産件数はバブル崩壊後最低になっています

ので、ここは大きな転換点だと思います。

経営者：それならば、当社のような赤字先でも、事業性評価が銀行に認められれば、借入れができるということですか。

担当者：その通りです。今回の事業性評価融資によって、金融検査マニュアル別冊（中小企業融資編）の27事例を、零細・中小企業から、中小企業全体に広げたともいわれています。企業審査プロセスでは定性要因、事業審査プロセスでは短期継続融資・資本性貸出金、担保・保証においてはABLやコベナンツ、そして融資支援要因には認められなかったリレバン項目も、審査の承認項目に加えることになりました。事業性が評価されれば、今までの審査基準の厳格な運用から緩和方針に変更されるものと思われます。

経営者：思えば、返済猶予を認めてもらう時は、1年以内に経営改善計画を銀行に提出しますと言えば、ほぼ無条件に返済猶予を認められましたね。ということは、今回も同様に、当社の動きは「事業性評価」に沿っていますと口頭で発言すればOKなのでしょうか。

担当者：今回の事業性評価融資は違うと思います。返済猶予は金融円滑化法という法律で決められていましたし、取引中の他の複数行も同調した動きをしていましたが、今回の事業性評価融資は、法律に決められていません。また、他行同調もありません。そして、決定権限は融資現場にいない支店長や本部・審査部長です。したがって、稟議書や査定書に添付された事業性評価の説明書類の作成が承認の有無を決定することになると思います。もう一つ最近の動きの中で事業性評価融資に関して「ローカルベンチマーク」に基づく対話を金融機関と行うという点が気になっています。「ローカルベンチマーク」の内容は、地域の経済・産業に関することと自社の財務情報・非財務情報のことで、それに基づく対話ですから、金融機関との対

話の前に、顧問先または関与先の税理士などの専門家の先生に相談されるのも一策かもしれません。先生方は地元の情報や財務・会計に詳しく、ローカルベンチマークの指標にも精通しているはずですから、事前にアドバイスを受けることが望ましいと思います。ということで、債務者とは別人格である税理士などの専門家による事業性評価の書類作成や「ローカルベンチマーク」の相談などが重要になり、承認の強い味方になると思いますね。

経営者：一方、当社の場合は、技術力を売りにしている企業ですから技術力を税理士の先生に文書化してもらうことになりますか。または、SWOT分析やファイブフォース分析の検討プロセスを書くのですか。あるいは、資金ニーズやその返済根拠を書くのでしょうか。

担当者：税理士などの専門家は、技術の専門家ではありませんが、事業性評価は事業内容と成長の可能性ですから、まずは事業の内容としてその技術が業界または地域で通用し、販売される理由を文書化してもらいたいですね。その時、自社や業界のホームページなどで、その技術の内容がわかれば有り難いですね。また、成長の可能性として、将来この技術が市場や地域に受け入れられ付加価値を生むことも文書化できればよいですね。その他の「SWOT分析やファイブフォース分析の検討プロセス」や「資金ニーズやその返済根拠」などについては、経営改善計画書からキャッシュフロー・返済財源の検討時などのように、文書化できるに越したことはありませんが、そこまでは必要ないと思いますよ。事業性評価融資は、一本限りの貸出実行要請ですから、技術力の文書化ができればそれくらいでよいと思いますよ。

経営者：しかし、技術力について専門外の税理士などに文書化してもらった場合、その内容が将来違う結果になってしまいましたら、税

理士などの先生に銀行は責任追及をするのでしょうか。

担当者：そんなことは絶対にありません。融資審査はすべて金融機関の責任です。明らかな詐欺行為がない限り、その先生方への責任追及はありません。まして、金融機関も、金融庁の監督指針でコンサルティングを行うように要請されているのですから、コンサルティングに関する文書の内容で金融機関が責任転嫁をすることなど考えられません。

経営者：では、当社の場合、返済猶予を受けており、業績も回復しているとは言えない状況ですが、いかにすれば事業性評価融資を受けることができるのでしょうか。

担当者：まず、御社が3〜5年程度の間に黒字化を達成でき、将来実質的な債務超過を解消できることを口頭や簡単な計画書で示すことがポイントになります。実際、御社は計画3年目に経常利益が黒字化し、5年目には簿価純資産額もプラスに転じ、実質純資産額も数年でプラスになる傾向値が示されています。このような状況においては、税理士の先生に、技術力や販売力、また経営者の資質などの文書を作成してもらい、これらの事業で将来の黒字化が図れることを示してもらえば、事業性評価融資を受けることができると思います。たとえば、技術力については、現在残っている熟練工で切削部門の売上が上げられるということ、また販売力については、工作機械メーカーの注文が1年後にはいくらくらいになる見込みなどということを文書化することです。

　経営者の資質については、経営改善計画を策定し、顧客別予実管理や営業会議の開催の徹底を行い、経費節減や旧工場の処分など、種々のリストラ策を実行に移していることを文書化してもらえばよいと思います。さらには、資金繰り実績表にて、財務体質・損益状

況ばかりではなく収支面にも注意を払っていることも経営者の資質になります。その他にも、御社は、事業性評価融資の材料はありますので、税理士などの専門家に文書化をしてもらうことをお勧めします。

経営者：とは言うものの、私どもとしては、ここ最近、金融機関への業況説明において、訪問の都度、いつもストレスをためていました。目標売上を60％落とすことで、銀行には了解を得ていましたが、その中間ラップが未達の場合は、いろいろな書類の提出を求められます。その上に「何回も何回も、計画通りに売上が行くのか？」とか、「もしも売上が行かなかった場合はどうするのか？」と追及されます。このようなストレスの解消はどのようにしたらよいのでしょうか。

担当者：このような場合は、会社全体の経営改善計画を策定する時に、税理士などの専門家に依頼して、会社の組織変更とその新組織に沿ったセグメント計画を作成・支援してもらうことをお勧めします。しかも、そのセグメント計画（部門計画）は、四半期ごとに中間ラップ値を作成し、実績フォローができるようにすることがよいと思います。こうすることにより、金融機関への業況説明において、予実の差異の説明が明確になりますし、この予実の差異に対して対策も具体的に提案できるからです。時には、この部門計画を、製品・商品ごとや地域ごとに分けることも可能となりますので、金融機関としてもモニタリング管理が効果的になるのです。

経営者：そうですね。経営改善計画や事業性評価融資は、決算期末をまたいで、長期の施策になりますから、その中間報告、モニタリングの手法まで詰めて考えておくことが大切であることがわかりました。自分たち企業にとっても、PDCAの効果が高まりますね。

# 第6章 事業性評価融資と外部連携

　事業性評価融資は、従来の審査プロセスである企業審査・事業審査・担保保証の判断・リレバン視点について、審査目線を引き下げる一方で、事業性評価である「事業の内容や成長可能性」は、精度を高めた広く深い判断を行うことになっています。今までの金融機関の融資担当者では、なかなか、この事業性評価の判断ができないようです。このことは、現在の金融機関内部の事情や、融資先との接触度や深耕度、また経営者との親密な情報交換不足などが原因のようですが、一方、中小企業の相談相手として最も信頼度の高い税理士などの専門家は、これらの点を十分補完できると見られています。

　金融機関の融資担当者の事業性評価の不十分な点は、金融機関が税理士などの専門家と連携を組むことによって補われ、従来金融機関担当者が見落としていた事業性評価を再評価し、今までの審査目線を引き下げたとしても、与信リスクは高まらず、多くの企業や事業に貸出資金の投入ができるようになるものと思われます。

　ここでは、金融機関との連携によって、事業性評価を高めることができる「地域企業応援パッケージ」や中小企業に寄り添う「税理士などの専門家」について、見ていくことにします。と同時に、金融機関の事業性評価融資の審査に欠かせない「税理士などの専門家」のスキルや知識の見分け方や、事業性評価融資の判断に必須の「ローカルベンチマーク」とその対話について述べていくことにします。

# 1 ▶ 地域企業応援パッケージ

### ① 中小・地域金融機関向けの総合的な監督指針の基本的な考え方

　金融庁は地域金融機関に対して、以下のような基本的な考え方を「中小・地域金融機関向けの総合的な監督指針」において示しています。

> Ⅱ－5－2　基本的考え方（地域密着型金融の目指すべき方向）
> (1)　地域経済の活性化や健全な発展のためには、地域の中小企業等が事業拡大や経営改善等を通じて経済活動を活性化していくとともに、<u>地域金融機関</u>を含めた地域の関係者が連携・協力しながら中小企業等の経営努力を積極的に支援していくことが重要である。なかでも、地域の情報ネットワークの要であり、人材やノウハウを有する<u>地域金融機関</u>においては、資金供給者としての役割にとどまらず、地域の中小企業等に対する経営支援や地域経済の活性化に積極的に貢献していくことが強く期待されている。

　この基本的な考え方によって、金融庁などの行政は、2012年4月20日の政策パッケージ（中小企業金融円滑化法の最終延長を踏まえた中小企業の経営支援のための政策パッケージ）において、「地域の各機関が中小企業支援ネットワークという横断組織で連携を密にして中小企業を支援しなさい」ということで、以下の概念図に示すネットワークを構築しました。

　その後、安倍内閣の成長戦略によって、2015年には、「『日本再興戦略』改訂2015」「まち・ひと・しごと創生基本方針2015」が公表され、地域創生が成長戦略の大きな目玉政策となりました。

## (参考)「中小企業支援ネットワーク」のイメージ

- 地域内の金融機関同士であっても、経営改善や再生に対する目線や姿勢が異なるため、普段からの情報交換や経営支援施策、再生事例の共有等により、経営改善や再生の目線を揃え、面的な経営改善、再生のインフラを醸成し、地域全体の経営改善、再生スキルの向上を図る。
- 参加機関間の連携強化により、各機関が有する専門知識を円滑に活用できる関係の構築を図る。
- 地域毎(県単位を想定)に「中小企業支援ネットワーク」を構築。活動内容、開催頻度、参加者等は地域の実情に応じて決定。
- 各地域における自律的な取組として、地元中小企業の迅速な経営改善・事業再生を促進するため、地方公共団体、協会、協議会、経営支援機関等を中心に関係機関が連携を図り、中小企業を支援する枠組を構築済み、もしくは構築に向けた準備を進めてきた地域については、従前の取組を活用・発展。

### 中小企業支援ネットワーク

**参加機関の連携促進**

| 地方公共団体 | 経営支援機関 | 専門家 | 政府系金融機関 | 地域金融機関 | 保証協会 事務局 | 再生支援協議会 | 企業再生支援機構 | 財務局 | 経産局 |

(事務局が地方公共団体や再生支援協議会の場合もある)

- **参加機関**：地域金融機関、信用保証協会、政府系金融機関、中小企業再生支援協議会、企業再生支援機構、事業再生の実務家、法務・会計・税務等の専門家、経営支援機関(商工会、商工会議所等)、地方公共団体、財務局、経産局等
- **活動**：定期的(年2～3回程度)に、情報交換会や研修会(施策ツールの紹介、地域金融機関による再生支援の取組、再生手法に関連する勉強会等)により、地域全体の経営改善、再生スキルの向上を図る。

(注)「企業再生支援機構」は2013年3月18日、「地域経済活性化支援機構(REVIC)」に改組されました。

そして、金融庁は金融行政方針を発表し「地域企業応援パッケージ」で、その具体策を提案しました。

② 地域企業応援パッケージの概要

そこで、金融庁は「産業・金融一体となった総合支援体制の整備に向けて」として、以下のような概念図を公表しました。

▼産業・金融一体となった総合支援体制のイメージ

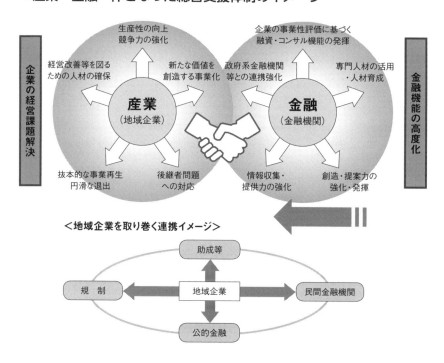

同時に、金融等による地域企業応援パッケージの概要を公表しています。その中の、「企業のライフステージと経営課題」は第5章144ページにおける「顧客企業のライフステージ等に応じて提案するソリューション（例）」をベースに、わかりやすくして図示しています。

## ▼金融等による「地域企業応援パッケージ」の概要

■地域企業による生産性・効率性の向上、「雇用の質」の確保・向上に向けた取組や地域における金融機能の高度化が必要。
⇒金融等による「地域企業応援パッケージ」を策定し、産業・金融両面からの政府の支援等を総合的に実施し、様々なライフステージにある企業の課題解決に向けた自主的な取組を官民一体で支援する。

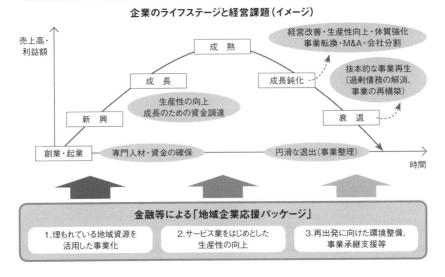

この地域企業は、生産性・効率性の向上、「雇用の質」の確保・向上に向けた取組みを目指すことを求められ、金融機関は地域企業応援パッケージを策定して、官民一体で産業・金融両面の総合支援体制を整備しようとしています。

特に、金融機関は企業のライフステージに沿ってコンサルティングを行う必要があるということです。と同時に、金融機関は「地域企業応援パッケージ」のリード役となって、「1. 埋もれている地域資源を活用した事業化、2. サービス業をはじめとした生産性の向上、3. 再出発に向けた環境整備、事業承継支援等」の施策を行うことになっています。

この1～3の施策の概要は以下のとおりですが、ここには2003年3月の「リレーションシップバンキングの機能強化に向けて」の報告から2007年の「中小・地域金融機関の総合的な監督指針」の中に組み込まれた種々のリレーションシップバンキング施策のエッセンスを含んでおり、今回はアクションプラン的なものになっています。この考え方や手法が、本書のテーマである「事業性評価融資」の手法に重なるものとなっています。

## （1）埋もれている地域資源を活用した事業化

■地域が**人口減少・少子高齢化等**に**直面**する中にあって、地域経済を振興するためには、**域外からの収入を増大させる取組みが必要**。
■**地域**には、優れた伝統工芸、質の高いリゾート、高級食材など、**国内だけでなくグローバルにみて魅力のある資源が活用できずに埋もれている**可能性。

■金融機関の情報ネットワークの活用や、海外需要開拓支援機構（「クールジャパン機構」）等がコーディネート役となって、**埋もれている地域資源を商品化・事業化するために必要な知恵・人材と資金の供給に一丸となって取り組む必要**。
〔地域資源の商品化・事業化として想定される事例〕
　●優れた伝統工芸製品について、国内外で新たなニーズを見出す
　●グローバルに見て質の高いリゾートについて、ソフト面を含めたインフラを整備し、外国人観光客に対する魅力を向上
　●良質な果物等を高級食材として、海外の富裕層向けに輸出
　●サービス力の高い飲食店の海外展開

　地域金融機関は地場企業との取引が多いのですが、異業種企業との取引や公的機関とのネットワークもあります。地域企業の事業性評価を行うことによって「埋もれている地域資源を活用する事業化」も浮き彫りにされます。地域間との連携や、その金融機関と取引のある企業間同士の連携も、企業の事業性をさらに高めることになります。企業間の連携においては、それぞれの企業が相互に情報開示を行うこと

がポイントになりますので、情報開示資料の策定には税理士などの専門家の力を借りることも一策になります。

## （２）サービス業をはじめとした生産性の向上

■人口減少に直面する地域の企業・産業は、成長鈍化・衰退に陥りがち。
早めの経営改善（含む事業転換・M&A等）に取り組むことにより、生産性を向上させ、企業・産業の持続可能性を高めることが重要。

①企業・金融機関ともに、企業の経営課題の把握（診断）力を強化する必要
　▶金融機関が、企業の財務面のみならず、事業の内容や将来性等を適切に把握・分析し、必要な経営支援を行えるような能力を向上させる
　　⇨金融機関に対する検査・監督を通じた事業性評価に基づく融資等の推進　等
　▶企業の経営者自身が、自らの企業の状況・経営課題を把握できるようにする
　　⇨経営改善が必要な産業・企業の見極めに資する評価手法の検討

②生産性向上に必要となるプロフェッショナル人材の確保・育成が必要
　▶〔供給サイド〕プロ人材を都市圏から地方へ供給する仕組みの構築
　▶〔需要サイド〕中小企業のプロ人材ニーズの収集や受入れに対する抵抗感の払拭
　　　　　　　　企業がプロ人材に支払う報酬を一定期間補助する制度の創設

③自らでは事業再生や経営改善のための対策を打てない事業者への支援が必要
　▶中小企業再生支援協議会や認定支援機関の支援等の積極的な活用

　企業のライフステージの成熟期から成長鈍化期においては、経営改善・生産性向上・体質強化などの対策を早目に講じる必要があります。金融機関としても、企業の経営課題について早急に把握を行い、企業の財務面のみならず、事業の内容や将来性等を見極めて、企業とともに問題点の改善に注力する必要があります。この時点ならば、未だ残っている企業自身の余力を生産性の向上などの改善に振り向けることができるものです。時には、事業転換・Ｍ＆Ａ・会社分割などの構造改革を伴う大きな施策を講じることもでき、衰退期に向かう企業の生産

性の向上に有効に働くものと思われます。

## （3）再出発に向けた環境整備、事業承継支援等

■事業の改善・再構築が見込めない企業や後継者不在の企業が、**事業の将来展望が描くことのできないまま事業を継続**。その結果、**経営者自身の再出発が困難**になるだけでなく、**従業員、取引先等に迷惑をかける**おそれ。

■金融機関が、事業再生コーディネーター等（REVIC、事業再生ファンド、事業引継ぎ支援センター等）と連携・協働して、**抜本的な事業再生や事業承継を積極的に支援する**必要。また、**早い段階で、円滑に事業を整理できるための環境整備が不可欠**。
- ▶金融機関とREVICが連携したファンドの活用等による抜本的な事業再生支援等の取組を促進
- ▶経営者保証に関するガイドラインの活用やREVICによる経営者保証付債権等の買取り・整理等支援を強化
- ▶事業承継の円滑化を推進
- ―事業引継ぎ支援センターの全国展開、金融機関との連携を強化
- ―事業引継ぎに向けた中小企業基盤整備機構のファンドの活用を拡充
- ▶ローカルベンチマーク、円滑な事業整理のための資金面からの支援等を検討

　地域の企業・産業が成長鈍化期から衰退期になったとしても、経営改善に取り組み、再度、生産性を改善することが基本ですが、事業の改善や再構築がどうしても見込めないこともあります。また、後継者が不在で、将来展望が描けない企業もあります。それでも、以前の事業を継続している場合もあります。このような企業に対しても、金融機関としては事業性評価を行って、転業や廃業の勧告や支援を行うことが大切です。

　行政の地域金融機関に対する要請は、アクションプラン的な活動項目や具体的な事例にまで落とし込んでいることから、従来のリレーションシップバンキング施策とは、行政サイドの気構えは異なるものと思われます。

## 2 ▶ 金融機関の外部連携は中小企業に寄り添う税理士などの専門家がポイントに

　金融庁や他の行政機関も、地域を上げて中小企業の支援施策を打ち出していますが、中小企業自身が最も信頼を置き、常に寄り添っている税理士などの専門家が最も効果的な支援を行うことができます。

　かつて、金融機関も取引先への訪問を主要業務にしていましたが、取引先件数の増加とIT化・効率化によって、個々の取引先との接触は少なくなってしまいました。一部の例外先を除けば、中小企業の信頼と親密化は、税理士などの専門家が金融機関を大きく上回っています。また、中小企業に関する情報量も、金融機関は税理士にはとてもかないません。このような状況下、金融機関が事業性評価融資を本気で推進するためには、税理士などの専門家と連携を組むことが効果的であり、今やこれは必然の流れになっているようです。

　税理士は、中小企業が最も信頼を寄せている機関であると同時に、事務所の役職員のほとんどは簿記等の財務会計のスキルを有しています。現在、中小企業に最も求められていることは情報開示ですが、その情報開示には財務・会計のスキル・知識を駆使した書類作成が必須といわれ、正に税理士などの事務所メンバーの力が求められているのです。その上に、顧問税理士は、月次訪問・巡回監査という原則月1回の訪問をも行い、中小企業のタイムリーで動態的な情報収集も行っています。

　また、2012年8月以降は、多くの税理士は認定支援機関の資格を取得し、中小企業への経営改善計画やコンサルティングの研修を受けています。認定支援機関の制度ができてまだ日が浅いことから、必ずしもすべての認定支援機関の税理士が、金融機関の本部が求める経営改善計画策定等のスキルを持っているとはいえませんが、少なくとも数

千人の税理士はしっかりした情報開示資料の作成支援は十分にできるようになっています。

　事業性評価は、中小企業に対する総合的な評価であり、中小企業の内部に入り込んで、事業の内容や成長可能性を見極めなければなりません。しかも、この事業性評価融資を実行した場合は、モニタリングも必須になってきます。地域金融機関としては、この事業性評価とコンサルティングの励行、また経営改善計画策定支援が、今後避けられない業務として続けなければならないのであれば、税理士との外部連携は早急に実施すべきだと思われます。

　そこで、ここでは、税理士の現状をご紹介することにします。

## 3 ▶ 中小企業に対する税理士の位置付けと支援業務

### ① 中小企業の税理士（会計専門家）への依存度

　以下の2つのグラフは、「会計専門家（ほとんどが税理士）への経理財務に関する事務分担の依存度」と「中小企業が会計専門家から受けているサービス」についてです。中小企業がいかに会計専門家を頼りにしているかが明らかになっています。金融機関に対する中小企業の依存度は全く税理士にはかないません。

### ② 税理士における中小企業支援のインセンティブ

　金融機関の幹部の方とお話をしていましたら「なぜ、税理士の方々は中小企業への支援をするのですか。」と聞かれました。税理士団体の顧問をしている筆者としては「中小企業支援による手数料収入の増加への要望も否定しませんが、税理士は地域貢献を目指し、自分の事務所の地域における基盤強化の意欲も強く、中小企業の発展・再生に

## 第6章 事業性評価融資と外部連携

### ▼経理財務に関する事務の状況について

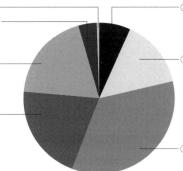

- ⑦その他 0.5%
- ⑥財務諸表の作成、税務申告まで、一貫して社内で実施 3.8%
- ⑤財務諸表の作成まで一貫して社内、税務申告は会計専門家に外注 19.1%
- ④総勘定元帳の作成まで社内、財務諸表の処理と税務申告は会計専門家に外注 20.5%
- ①納品書・請求書・領収書等の作成・保管までを社内、あとは記帳代行サービス等を活用 6.9%
- ②仕訳伝票を会計専門家に渡して外注 14.6%
- ③記帳は社内、決算特有の仕訳は会計専門家に外注 34.6%

（出典）中小企業庁「平成22年度中小企業の会計に関する実態調査事業集計・分析結果報告書」

### ▼貴社では会計専門家等からどの程度のサービスを受けていますか

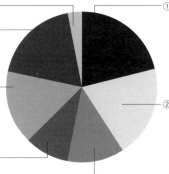

- ⑦その他 3.0%
- ⑥財務諸表、税務申告書の作成に関する助言を受けているが、経営を良くするための助言までは受けていない 18.6%
- ⑤財務諸表、税務申告書、試算表の作成に関する助言を受けているが、経営を良くするための助言までは受けていない 15.9%
- ④財務諸表、税務申告書、試算表の他、資金繰り表等の経営管理のための書類の作成に関する助言を受けているが、経営を良くするための助言までは受けていない 9.4%
- ①財務諸表、税務申告書、試算表の他、資金繰り表等の経営管理のための書類の作成に関する助言と、それらを活用して経営を良くするための助言まで 21.3%
- ②財務諸表、税務申告書、試算表の作成に関する助言と、それらを活用して経営を良くするための助言まで 19.8%
- ③財務諸表、税務申告書の作成に関する助言と、それらを活用して経営を良くするための助言 12.0%

n＝1197

（出典）中小企業庁「平成24年度中小企業における会計の実態調査事業報告書」

努めたいと思っている先生が極めて多い。」と答えています。実際、税理士団体の研修会などでは、これらの社会貢献の話が頻繁に出されています。

　税理士は、自由業［士（さむらい）族］の中で、役職員を雇用でき

る数少ない資格者です。金融機関と同様に、民間の地域密着型のエリート集団です。したがって、次のような会話を顧問先の経営者と行って、アドバイスができることを、税理士などは願っているのです。中小企業が最も喜ぶコンサルティングは「金融機関からのスムースな資金調達ができるようなアドバイス」です。このような資金調達の話は、企業の発展に寄与すると同時に、地域への貢献にも役立ちます。

　ただし、税理士といっても、いろいろな方がいることも事実です。金融機関としては、粘り強く連携工作をするべきだと思います。

〔中小企業経営者と顧問税理士の長期資金繰り・資金調達計画の会話の骨子〕

　ある顧問税理士は、当初のアベノミクス施策の恩恵で業績が上向き始めた食品加工メーカーの社長から、5年後の成長戦略の相談を受けました。そこで、この税理士は、社長の今後5年間の経営計画の概要を聞きながら、資金調達のアドバイスを行いました。社長は顧問税理士による当社の将来を考慮した助言に感激し、この税理士への信頼は一層深まりました。

　社長は、1年目は2千万円の在庫投資を考えました。2年目は6千万円の工場設備投資です。この頃には売上がさらに伸びているという目論見です。3年目は地方拠点の拡充で3千万円の流通在庫の投資です。4年目は同業者からの依頼で、M&Aで業容拡大を図るため、6千万円の調達をします。5年目には、過去の業績不振時に売却した本社を、やはり6千万円で建てることです。

　この社長の目論見に対して、この税理士は、次の図のような資金調達・返済計画を作成して、社長に見せました。

事業性評価融資と外部連携 第6章

▼長期資金繰りの策定方法

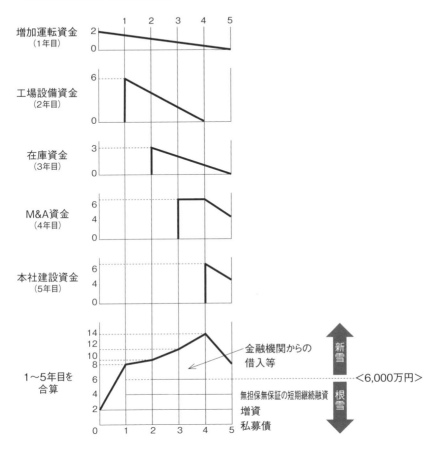

　その時の税理士の資金調達計画の内容は、根雪資金部分は無担保・無保証の短期継続融資と増資・私募債の調達で、新雪資金部分は、複数の金融機関からの借入調達です。実際の資金調達の時点では、当社の業績や保有資産評価額（担保繰り）また協融各金融機関の支援度などで、円滑な調達ができるか否か、やや不明な点もありますが、この図から長期資金繰りのアウトラインを描けることは、社長にとって有り難く、今後の経営の見通しも立てられ、税理士は大変感謝されるこ

187

とになりました。

　以上のような展望を、経営者や税理士などの専門家で話し合うことができるようになることは、地域にとっても、意義深いことになります。

　1年目の2千万円の在庫投資に対しては、製品仕入れや商品購入の増加が生じます。販売担当のパート雇用も生じるはずです。2年目の6千万円の工場設備投資に対しては、地元工務店や建設業者に注文が生じ、工場の従業員も増えることになります。3年目の地方拠点の拡充の3千万円の流通在庫の投資は、購入量の増加に加え、新マーケットの開拓で当地の雇用チャンスも広がります。4年目のM＆Aの6千万円によって、効果的な事業承継により、マーケットの増加や雇用のチャンスの維持拡大が図れます。購入企業の従業員の雇用もほとんど継続できることになります。5年目の本社建設6千万円で、地元工務店・建設業者の注文ばかりではなく、当社の販売・仕入れも増加し、管理部門の従業員も増えることになると思います。

　中小企業経営者は、社内においては、将来の資金調達計画の相談など、長期的な計画については、ほとんど社内には相談することはできる人材はいないようであり、顧問税理士の重要性は高まります。一方、税理士にとっても、経営者の長期展望の中に、自分の事務所や地域への貢献材料が見出されるのは有意義なことです。新規の仕入先・販売先の中から新たな顧問先が生まれるかもしれません。資金調達のアドバイスを通して、金融機関との親密化も図れます。

　金融機関にとっても、公的機関にとっても、地域企業応援パッケージにとっても、地元の中小企業が成長することは、地域活性化になります。物流も設備投資も、そして雇用も増加することは、他の地域か

らの人材の流入もあり、地元の消費増加につながります。このような顧問税理士の経営者に対するアドバイスは、当社の発展から地域活性化に通じて、有益なことになります。

### ③　税理士業務の変化と中小企業支援業務

　地域金融機関の貸出現場の担当者や本部担当者の方々で、税理士事務所の実態を理解している方が少ないことがわかりました。私は、税理士事務所を詳しく知っているわけではありませんが、銀行退職後の15年間、税理士会の顧問となっていましたので、金融機関のメンバーには税理士事務所や税理士先生の実態を説明することができます。

【税理士およびその業務の内容】

　現在、税理士は7万5千人を超え、事務所の役職員も合計すれば約30万人いること、またそのメンバーは、税務ばかりではなく、財務・経営・金融の知識・スキルを豊富に持っていることを、ほとんどの金融機関の皆様はあまり意識されていないようです。

　ア）税理士・公認会計士（税務業務を行っている方）は、地元の名士であり、経済団体などの幹部を務めていることも多く、地域の人脈や情報もかなり保有しているようです。日常の記帳業務・訪問業務などは、事務所の役職員が行っています。

　イ）税理士事務所は、資格保持者と従業員の混合部隊で、特に地方の税理士事務所はかなりの従業員を抱えています。その従業員も、税務・会計・財務の知識は深く、月次訪問・巡回監査などを担当し、経営改善計画策定や経営管理に関する実務は、資格保有者を上回る人材も多いようです。

　ウ）税理士事務所はほとんどが30人未満の事務・役職員であり、リー

ダーである国家資格保有の税理士（所長）などが、即断即決を行っています。金融機関などの大企業（組織）の稟議制度は、税理士事務所にはほとんどありません。

エ）日本税理士会連合会は、すべての税理士が所属しています。1万人といわれるTKC全国会やその他税理士が所属する団体などのメンバーも、例外なく、この日本税理士会連合会に属しています。この連合会は強制加入であり、全国にその傘下の15税理士会があります。

オ）個々の税理士事務所の具体的な業務は、次のとおり。

(1)（税理士法第1条）「税務に関する専門家として、独立した公正な立場において、申告納税制度の理念にそって、納税義務者

### ▼税理士登録者・税理士法人届出数

（平成28年6月末日現在）

| 会名 | 登録者数 | 税理士法人届出数 ||
|---|---|---|---|
| | | 主たる事務所 | 従たる事務所 |
| 東京 | 21,987 | 1,020 | 335 |
| 東京地方 | 4,784 | 192 | 106 |
| 千葉県 | 2,475 | 82 | 62 |
| 関東信越 | 7,293 | 343 | 179 |
| 近畿 | 14,389 | 536 | 233 |
| 北海道 | 1,844 | 132 | 82 |
| 東北 | 2,477 | 105 | 79 |
| 名古屋 | 4,477 | 237 | 122 |
| 東海 | 4,293 | 188 | 108 |
| 北陸 | 1,382 | 90 | 40 |
| 中国 | 3,024 | 107 | 58 |
| 四国 | 1,566 | 67 | 40 |
| 九州北部 | 3,136 | 117 | 90 |
| 南九州 | 2,061 | 82 | 39 |
| 沖縄 | 383 | 18 | 19 |
| 計 | 75,571 | 3,316 | 1,592 |

の信頼にこたえ、租税に関する法令に規定された納税義務の適正な実現を図ることを使命とする。」が、税理士業務の中心であるものの、(2)以降が、金融機関としてあまり意識していない業務です。

(2) 月次訪問（巡回監査）……税理士や公認会計士が顧客に対して提供する業務の一種で、定期的に顧問先を訪問し、正しい記帳処理が行われているかの確認や、アドバイスを行うことをいいます。金融機関が融資先に行わなければならないとされる「モニタリング管理」とほぼ同等の業務ですが、税理士の多くは、ほぼ毎月企業訪問をしています。

(3) 書面添付……（国税庁ホームページ）「税理士法（以下「法」という。）第33条の2に規定する計算事項等を記載した書面を税理士が作成した場合、当該書面を申告書に添付して提出した者に対する調査において、従来の更正前の意見陳述に加え、納税者に税務調査の日時場所をあらかじめ通知するときには、その通知前に、税務代理を行う税理士又は税理士法人に対して、添付された書面の記載事項について意見を述べる機会を与えなければならない（法第35条第1項）こととされているものであり、税務の専門家である税理士の立場をより尊重し、税務執行の一層の円滑化・簡素化を図るため、平成13年度税理士法改正により従来の制度が拡充されたものである。」ということであり、実際、税理士の多くは厳格に、この書面添付を実施しています。これに対して、金利優遇を実施している金融機関もあります。

(4) 中小企業会計基本要領（中小会計要領）……（日本税理士会連合会）中小企業の多様な実態に配慮し、その成長に資するた

め、中小企業が会社法上の計算書類等を作成する際に、参照するための会計処理や注記等を示すものです。金融機関は内部で、自己査定（資産査定）を行う際には、提出された確定申告の決算書の勘定科目の見直しを行いますが、この中小会計要領の勘定科目の数値を尊重する金融機関も多くなってきています。この中小会計要領の採用企業に対し、金利優遇を実施している金融機関もかなりあります。

---

【参考：広報冊子】中小企業庁ホームページより

『中小会計要領に取り組む事例65選』
⇒中小会計要領を活用して経営を強化した事例を紹介しています
『「中小会計要領」ができました!!』
⇒中小企業の会計に関する基本要領をわかりやすく解説しています
『「中小会計要領」の手引き!』
⇒経営力・資金調達力強化を目指す中小企業のために

---

(5) 研修制度

　日本税理士会連合会は、中小企業支援方針を明確にし、その内部に「中小企業対策部」を立ち上げました。ホームページに、次のような文章を記載しています。

　『中小企業支援とは……税理士の主な顧問先は中小企業・小規模企業であり、経営者の7割は顧問税理士等を経営問題の相談相手と考えています。税理士は「税務に関する専門家」であるとともに、「会計に関する専門家」でもあります。また、中小企業経営力強化支援法の施行（平成24年8月）に伴い、認定支援機関制度が創設され、中小企業の金融と経営支援の担い手としての役割が期待されています。』

『税理士が行う中小企業支援とは……税理士は中小企業を財務、経営、金融、税制の面から支援していします。』

と同時に、各税理士会にて、この中小企業支援についての研修をスタートしています。実際に筆者は、各地域の税理士会の研修会に呼ばれて、「資金円滑調達法」や「金融機関からの借入の勘所」などという講演を行ってきました。ちなみに、この講演会・研修会に参加した税理士は、税理士会の定めた年間研修時間（年間36時間）の一部を消化することになっています。また、関東信越税理士会などの一部の税理士会では、後述の通信講座「財務金融アドバイザー」の受講者に対して10時間の研修時間の認定をしていました。

## 4 ▶ 事業性評価融資で連携できる税理士の選び方

### ① 税理士における中小企業支援業務に対する姿勢のバラツキ

日本税理士連合会関東信越税理士会が設立主導した一般社団法人資金調達支援センターの通信講座「財務金融アドバイザー」の修了者と金融機関のパイプを作成するために、そのセンターの副理事長である筆者は、多くの金融機関の本部と情報交換をしました。その金融機関本部の審査部・融資部の幹部には、上記通信講座の修了者の税理士と良き連携を作っていただきたく、筆者は約20行近い地域金融機関本部を訪問しました。その訪問をスタートした頃は、「税理士など専門家が企業の見方や金融機関の融資審査について全く知らない」と思い込んでいたようで、金融機関本部の審査部・融資部のメンバーから「本当に、税理士の先生に金融機関が求める経営改善計画が作成できるのでしょうか？」という、やや決め付けの発言が投げかけられました。

最近の税理士など専門家や認定支援機関の融資業務や経営計画策定業務の学習ぶりを知っている私としては、この質問に強い反発を感じました。貸出現場の支店担当者が取引先企業に対する接触不足・情報不足があるにもかかわらず、それは言い過ぎではないかとも思いました。しかし、今後の税理士先生と金融機関の連携こそが、地域活性化の切り札であり、「三方よし」の結果を求めていましたので、税理士などの実情を話し続けました。

　金融機関は大企業であり、その銀行員が当面は、税理士や中小企業の最近の変化については理解しにくいと思い、まずは金融機関メンバーに対し、税理士や認定支援機関などの最近の姿に目を向けてもらいたいと思いました。

　すると、金融機関から「税理士やその事務所のメンバーの中で、金融機関の要望にかなう支援ができる先生を、どのようにして見分けるのですか？」という話が持ち出されました。と同時に「平成27年8月31日の中小企業庁の新着情報に掲載された税理士やその事務所の方々は、経営改善計画の作成実績が明記されていますから、他の多く

の先生とは違う方々ですよね。」という問いかけも出てきました。

　明らかに、金融機関の本部は税理士の選別に入っているようでした。

　私としては「そのとおりです。経営改善計画の作成実績がある税理士は、他の先生とは違うと思います。」と相槌を打つとともに、逆に「しかし、認定支援機関等一覧表に掲載された税理士先生などは、経営改善計画策定支援事業に関わったに過ぎないとも言えます。」と言い、「その他にも、経営改善計画策定支援やコンサルティングを行っている、もっと実力やスキルを持った先生も、実際にはかなり多くいます。」とも言いました。

　「具体的には、財務金融アドバイザーの修了者や、中小企業庁の平成25年12月13日の新着情報のサンプルAに沿って、経営改善計画をいくつも策定した経験のある税理士と、その事務所の方々はもっと実力やスキルがある先生だと思います。これらの先生方が、金融機関が求める経営改善計画の策定支援ができる先生だと思います。」と、認定支援機関等一覧表に掲載された方々以外にも、スキルが高く知識を持った先生がいることを強く伝えました。

　その後私の方から金融機関の本部メンバーに対して、「何故、そのように税理士先生のスキルや知識に、金融機関は興味を持っているのか。」「どのような能力を持った税理士先生を、銀行は求めているのか。」と質問をしながら話を進めていくうちに、本部・審査部のメンバーの要望事項は、「金融機関独自では、どうしてもできない事業DD（調査・デューデリ）や、その計画の進捗状況をフォローするモニタリングである」ということがわかりました。

② **金融機関が必要とする中小企業支援業務に関する情報開示資料**

　現在の金融機関の支店の貸出担当者は、投資信託・保険・信託など

の貸出以外の業務が加わり、これらの販売の資格試験に合格しなければなりません。内部統制関連業務も大きな負担になっています。また、支店長の裁量範囲（決定権限）は削減され、稟議書という分厚い書類を作成しなければなりません。貸出担当者は昔のように取引先・融資先との交流時間も少なくなり、コンサルティング業務も経営改善計画策定支援業務もなかなかできないようです。

　また、独占禁止法や個人情報保護法、非弁行為の制約に加え、大半の中小企業は複数金融機関からの借入先で相互牽制が働き、金融機関は、かつてのように取引先企業に出かけて行って企業の実態を把握する活動もできない状況です。特に、モニタリングに至っては、中小企業が得意とする営業部門や技術部門に、金融機関の担当者は踏み込めませんので、たとえ経営改善計画を策定したとしても、その十分なフォローもできないのが実情です。

　翻って、税理士などは、中小企業に最も寄り添い、信頼が厚い経営のアドバイザーです。しかも、税理士会の綱紀規則第25条で、中小企業とは「1対1の取引関係」にあり、最近では毎月、月次訪問（巡回監査）を行って、書面添付などでしっかりした財務分析・決算報告を実践しています。このような現実から、税理士のことをよく理解した金融機関の本部メンバーは、税理士先生・事務所との連携を強く求めるようになってきました。

　しかし、この金融機関の本部メンバーの経営改善計画策定の要請に対しては、これはすべての税理士や認定支援機関にとっては全員もれなく乗り越えることができるレベルではないことが明らかになりました。

　認定支援機関として、特別な研修を既に2万数千人の先生が受講しましたが、それから2〜3年が過ぎているのに、多目に見ても3分の

1の認定支援機関の先生しか、いまだに経営改善計画を作成することができていない事実が明らかになったのです。一般の税理士先生に至っては、その比率はさらに大幅に下がってしまいます。

　金融機関としては、税理士先生などの支援によって、支店長が決裁権限を持ったプロパー貸出、また大きな金額の本部の審査部・融資部が担当する貸出、さらには審査部長や取締役までが決裁をする貸出に至るまで、経営改善計画やその企業のキャッシュフローを算出してもらいたいのです。具体的には、以下の図に示す「財務金融アドバイザー通信講座」や「サンプルA様式」「サンプルS様式」の情報開示資料の金融機関への提出までを求めたいのです。

### ③　金融機関が求める情報開示資料の作成支援ができる税理士の選考

　金融機関の本部メンバーによる「税理士選別」のイメージは下図のとおりです。

▼銀行貸出権限による税理士スキルの選別

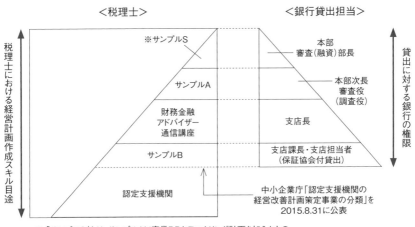

※「サンプルS」とは、サンプルAに事業DDとモニタリング計画を加えたもの。

金融機関の要請により、税理士事務所が、顧問先・関与先の経営改善計画を策定支援することが多くなっています。返済猶予先、業績不振先ばかりではなく、今や、どの金融機関でも抱える「事業承継先」「大口借入申込先」「短期継続融資申込先」「資本性借入金先」「金融機関統合・合併に伴う借入金残高急増先」などのケースについても、経営改善計画の提出を求めるようになっています。これらは、取引継続には必須条件になっています。そして、これらは事業性評価融資の対象先でもあります。

　金融庁・中小企業庁も情報開示資料として、金融機関に中小企業の経営改善計画の徴求を求めています。また、この経営改善計画は税理士・公認会計士やその事務所メンバーにとっても、策定を支援しなければならないと思っています。具体的に、税理士やその事務所の中では、上図の認定支援機関からサンプルSまでスキル・手法・様式のランクが上がっているようです。これを金融機関の内部の評価にしてみると、概ね次のようになるものと思います。

　まずは、簡易な経営改善計画や保証協会保証付きの貸出に関する経営改善計画ならば、認定支援機関の税理士は策定支援できるものと思います。中小企業庁の「サンプルB様式」策定支援レベルです。

　次に、支店長の決定権限である貸出、すなわち、保証協会保証付きの貸出よりも大きい金額の貸出や長期返済の信用貸出のことですが、これには、通信講座「財務金融アドバイザーの修了者」程度のスキルが必要です。

　また、金融機関本部の審査部・融資部が担当する貸出、すなわち、大きい金額や長期間、また複雑な条件の貸出、そして前述の事業承継先、大口借入申込先、短期継続融資申込先、資本性借入金先、金融機関統合・合併に伴う借入金残高急増先への貸出などについては、どう

しても「サンプルA」の経営改善計画が求められます。

　さらに、金融機関の本部の審査部長や融資部長の承認をスムースに取ることができるものは、「サンプルS」（サンプルAに事業DDとモニタリング計画を加味した計画）です。筆者が各金融機関の本部・審査部などに情報開示資料・経営改善計画書について説明した時は、経営改善計画（サンプルA）と、中村中・中村文子共著『中小企業再生への金融機関本部との連携・交渉術』（ぎょうせい・2015年）の「事業DD・モニタリング計画」の項目の内容を解説しました。

　このように、金融機関の「税理士選別の目線」は、各本部で大雑把にできているようですが、金融機関内部で文書化され明記されているものではありません。金融機関の貸出の現場の担当者や本部・審査部セクションのメンバーの方々は、相互に情報交換をしながら、目線合わせをしておく必要があると思います。

## ④　税理士との会話の中で、中小企業支援意欲やスキル・知識を見極める方法

　金融機関にとって、「事業性評価融資」や「返済猶予先への正常返済付与」の情報開示資料の作成支援ができる税理士などのリストは喉から手が出るほど欲しいものと思います。地域の名士の税理士であろうとも、節税のプロと言われるキレ者の税理士でも、また認定支援機関であろうとも、このリストに叶う人材であるかはわかりません。やはり、経営改善計画策定支援実績やローカルベンチマークによる対話実績などがあって、金融機関として企業の事業性評価やモニタリングができる人材を選びたいと思うことでしょう。もちろん、そのレベルに至らないとしても、経営助言や相談・アドバイスを行う姿勢があり、金融機関の立場や事情に配慮を持っている税理士をリストアップした

いと考えていることでしょう。

　そのためには、税理士との会話の中で、このような中小企業支援意欲やスキル・知識を持った税理士を選ぶことが大切です。

　まず、税理士の実態を知るべきです。中小企業に経営改善計画の策定などを依頼すると、計画策定支援を行った税理士が取引先の経営者に同行することがあります。その時の税理士は、物腰の柔らかいアドバイザーのように見えますが、実際に自分の税理士事務所の中や若手役職員の前では、中小企業のワンマン社長のような厳しい態度に変わる方がほとんどです。税理士は、士族の中で唯一従業員を雇っている資格者であり、多くは5～数十人の従業員のトップです。正に、中小企業の社長のような労務管理を行っています。

　金融機関の貸付担当者の中には、その物腰の柔らかいアドバイザーが、その税理士のすべての姿と思っている方がいますが、実際は、気難しい中小企業の社長と思って接することが大切です。事務所の中では、その税理士は役職員から上がってくる案件を稟議書ではなく口頭ベースで、即断即決しています。そして、意思決定する時間は午前中の数時間で、午後はほとんど顧問先・関与先や業界団体、また地域の集まりに出席しています。夜は、外部の人々との情報交換や宴会に出席しています。金融機関で言えば、大きい支店の支店長・支社長・営業部長のような動きをしているのです。

　したがって、前述の月次訪問・巡回監査や書面添付は、そのほとんどは事務所の役職員が行っています。金融機関の窓口で、税理士に対して、細かな数値の齟齬や勘定科目の不連続性に対して詰問をしたり、月次訪問・巡回監査時のモニタリングに関して細かい要求をしている担当者がいますが、これは、中小企業のワンマン社長に、商品の配達担当者の挨拶のまずさや態度にクレームを言っているようなものです。

その税理士の事務所を訪問すれば、その事情がよくわかります。特に、地方の税理士事務所は、かなり大きな規模になっていますので、その税理士は、ワンマン社長と思った方がよいと思います。

　しかし、このように従業員が数十人いる事務所においても、中小企業支援の姿勢は均一ではありません。税理士の本業である税務申告や税務相談、また記帳代行があまりにも忙し過ぎて、顧問先や関与先の経営支援に手が回らない税理士もいれば、この経営支援は事務所収益に結び付かないから一線を引いたり、時には、経営支援のスキルや知識の習得に税理士自身が抵抗を感じこの業務はリスクが大きいと思い込んでいる方もいます。中小企業に対する経営支援は、日本税理士会連合会やTKC全国会、また弥生の会員などで、積極的に推進していますが、金融機関のルールやガイドラインと違って、役職員への拘束力はなく、やらないことに対する罰則もありません。

　このような状況を踏まえた上で、税理士との会話の中から、「中小企業支援意欲やスキル・知識を見極める」ことを学んでいただきたいと思います。

**ア）業歴の長い税理士に対する会話例**
(1)　中小企業支援意欲・月次訪問（巡回監査）・書面添付のチェック
経営者：本日は決算説明に私どもの顧問税理士の山田を連れてまいりました。
税理士：税理士の山田です。（決算説明を行う）以上が当社の決算のご説明です。
銀行員：今期の動きはいかがですか、また足元の業績はどうですか。
経営者：業界は不透明な点がありますが、当社については、まずまずの業績になると思います。

銀行員：期中の業績や大きな変化についてはどのようにフォローしているのですか。

税理士：私どもの事務所では、毎月月次訪問（巡回監査）を行っています。当社の担当者は、記帳状況のチェックを行い、取引先や仕入先に大きな変化があった場合は、社長や部門の責任者にヒアリングを行っています。

銀行員：そこでのヒアリングは、記録されているのですか。

税理士：もちろんです。担当者は事務所に戻りましたら、私とミーティングを行い、必ず報告書を作成しています。その変化が大きいときについては、私が社長を訪問し、対策などを話し合い、金融機関さんなどに報告することになっています。

銀行員：では、経営改善計画に対するモニタリングは先生の事務所が受けてもらえるのですか。

経営者：今後は先生の事務所にそのモニタリングをお願いしようと思っていました。

銀行員：では、今後のモニタリングについては、税理士事務所との連携で行うということなのですね。よろしくお願いします。

### コメント

　この会話の中から、顧問税理士は、中小企業支援意欲が高く、月次訪問（巡回監査）・書面添付も実施していることが明らかになりました。当社の期中業績に対するモニタリングは、今後、この顧問税理士が行います。金融機関としては、モニタリングに対する報告内容を定めたり、報告用紙を作成することによって、その精度を高めることができます。

(2) 認定支援機関への考え方

経営者：私どもは、長い間、返済猶予を受けていましたが、売上が増加する見込みも立ちましたので、新規に借入れをしたいと思っています。そのためには、経営改善計画を策定して、キャッシュフローを算出し、無理のない返済を各金融機関にお願いしなければなりません。そこで、顧問税理士で、認定支援機関の田中税理士にお手伝いをいただきたいと思い、本日、田中先生をお連れしました。

税理士：税理士の田中です。認定支援機関ですが、私が手掛けた案件は保証協会保証付きの小企業だったので、当社のような中堅企業の経営改善計画は初めてですので、銀行さんのご指導をお受けしたいと思っております。

銀行員：了解しました。私どもも、経営改善計画の処理に長けているわけではありませんが、本部にはその専門家もおりますので、一緒に協力していきましょう。ところで、いつまでに、新規の借入れが必要ですか。

経営者：あと3か月後には欲しいですね。経営改善計画は2か月くらいで作りたいと思っています。それから1か月後には、新規の借入れを受けたいのです。

銀行員：当社の規模からすれば、中小企業庁の経営改善計画フォームのサンプルAをベースにいたしましょう。

税理士：私はサンプルBを作成した経験はありますが、サンプルAという16ページにもなる経営改善計画は初めてです。これを使えば、ほとんどの中堅中小企業の経営改善計画はカバーできるということですね。私の事務所の職員も新しいことが勉強できて、喜ぶと思います。

銀行員：つきましては、経営改善計画の作成の基本である「経営理念・

外部環境・内部環境の分析や過去計数の分析」などから「経営戦略・経営課題」を固めてください。

税理士：やはり、サンプルAはサンプルBとは違って、経営改善計画の作成前に「経営戦略や経営課題」を固めなければならないのですね。直ちに当社の中で、会議やヒアリングを重ねて、サンプルAの作成に取り掛かることにします。

銀行員：もともと、サンプルA・Bという経営改善計画のフォームに数値を埋めることだけでは、計画の実現可能性や社内の共感性、またモニタリングなど、将来のロードマップになるような計画はできませんので、社内において基本的なコンセンサスを得なければなりません。

税理士：その通りだと思います。大変勉強になりました。スケジュールを固めて経営改善計画の策定支援作業に入ります。2か月間で経営改善計画ができるように、1か月半くらいの時点で、サンプルA計画の概要を作成しますので、ぜひアドバイスをお願いします。

銀行員：了解しました。計画の概要を持ってきてください。その計画からキャッシュフローを算出し、返済財源を固めて、各金融機関が納得できるような個別の返済金額を割り出しましょう。

経営者：私どもも、田中税理士の指示を仰ぎながら、この期間に当社の全員が一丸となれるような経営改善計画を策定することにします。

▎コメント

　経営改善計画は、経営理念や経営戦略・経営課題を社内に定着するためだけの計画ではなく、金融機関からの借入れを無理なく返済できるような、キャッシュフローや返済財源を生み出せるような計画でなければなりません。そのために、認定支援機関の税理士は、金融機関

と親密な関係を保ち金融機関の意向を踏まえながら、また、当社の内部メンバーの意向を吸収しながら実現可能性の高い計画を策定しなければなりません。この田中税理士については、経営改善計画の知識やスキルは不透明のところはありますが、金融機関と連携を組む税理士としては、考え方や行動力は申し分のない人材であると思います。税理士は、もともと簿記・会計・財務のプロであり、認定支援機関は既に長時間の経営改善計画の研修を受けていますから、この田中税理士の成長は、金融機関にとっても楽しみであると思います。

### イ）業歴の浅い税理士に対する会話例

経営者：1年前に会社を設立し、日本政策金融公庫からお金を借りて、苦しいながらも第1回の決算を迎えるまでになりました。今後、取引金額を増加させていきたいと思いますので、貴行から借入れを受けて、大きく成長させていきたいと思っています。私の横にいらっしゃるのは当社の顧問税理士の清水先生です。清水先生には、当社の内部管理面や資金調達、経営相談など大変お世話になりましたので、本日、来ていただきました。

税理士：税理士の清水です。私も税理士経験が浅く、まだまだ若輩者ですが、ぜひ当社が成長して早期に地域貢献ができるようになることを願って、一緒に頑張っています。よろしくお願いします。

銀行員：わざわざ、ご来社いただきありがとうございました。一般の金融機関は、設立したばかりの企業についてはなかなか貸出を実行するのは難しいと言われ、政府系金融機関が融資を実行されています。

税理士：その点は私どもも十分承知しておりますが、当社は設立1年ですが、ITを駆使した業務に成功し、かなりの勢いで成長が見込

まれています。設立当初は、私が認定支援機関だったことから、日本政策金融公庫の中小企業経営力強化資金として、2,000万円を5年間でお借りしました。その後、売上は順調に伸び、当然ながら、その返済は一度も滞っておりません。公庫さんに提出した事業計画を上回る実績を上げています。しかし、短期間ですが、売掛・在庫の立替え資金が発生しますので、柔軟な資金支援のできる民間の金融機関とお取引をしたいと思い、本日の訪問になりました。

銀行員：わかりました。とは言いましても、設立1年では、事業内容も安定していないし、失礼ですが、担保に入れるご資産もおありにならないのではないでしょうか。

税理士：その通りですが、「事業内容が安定していないこと」の信用力を補強するために、私が支援して今後5年先の経営計画を作りますし、担保については、保証協会の保証も申し込みたいと思っています。

銀行員：とは言いましても、一般的には、設立間もない企業の経営計画は雑駁なものが多く、実現可能性に不安がありますが……。また、短期の立替え資金融資は成長企業の場合は、かなり大きな金額になる傾向にありますが、……その点も不安ですね。

税理士：それでしたら、経営計画は中小企業庁の経営改善計画サンプルAに準じたものにしますし、詳細説明のために追加資料も添付します。また、短期の立替え資金については、必ず売買契約の原本を提示し、コピーを差し入れます。

経営者：清水先生の言う通りにいたしますので、ぜひともご支援お願いできませんでしょうか。「ローカルベンチマーク」(p.214以降参照)によって対話を行い、金融機関が納得されれば、事業性評価融資が実行されるようになったとも聞いています。私どもとしては、この

「ローカルベンチマーク」の対話もいたしたいと思っております。
銀行員：お話はわかりました。では、次回には、第1期の決算書と最近の預金口座の入出金明細、日本政策金融公庫の中小企業経営力強化資金を申し込んだときのコピー、また、経営改善計画サンプルAと保証協会への保証申込用紙、それから、短期の立替え資金借入れの裏付けになる売買契約書のコピーをご持参いただけませんか。
税理士：ありがとうございます。そのような書類ならば、1週間もあれば整いますので、次回は何日にお届けに上がりましょうか。
銀行員：そうですね。では、来週早々、お届けいただけますか。
経営者：では、来週、よろしくお願いします。

> **コメント**
>
> この清水税理士は、親の事務所を引き継ぐ2代目の税理士とは違い、税理士経験も短く顧問先もそれほど持っていない税理士であると思われますが、取引先の経営指導や資金調達支援については、金融機関としても十分評価できる人材だと思います。清水事務所が、何人かの役職員を雇っていた場合は、その従業員も、かなり経営指導や資金調達に長けた人材であると考えられます。金融機関の担当者としては、このベンチャー企業を訪問すると同時に、清水税理士事務所を訪問し、情報交換を行うことをお勧めしたいと思います。
> 外部連携の税理士の候補になる事務所と思われます。

### ウ）金融業務や金融行政に興味を持っている税理士に対する会話例

(1) 新規設備投資資金の申込時の会話

経営者：新規の借入れをしたいのですが、私どもは、目下返済猶予中ですから、難しいでしょうか。私どもは、何回か正常返済をしよう

と金融機関に打診しましたが、結局先送りにされてしまいました。経営改善計画を策定して届けますと、この計画によるキャッシュフローでは返済期間が20年になってしまうので、返済猶予のまま、もう少し様子を見ましょうといくつかの金融機関から言われてしまいました。しかし、このままでは、新規の設備投資の借入れができないと言われ、何とか正常返済を行いたいと思い、私どもの顧問である佐藤税理士と相談に上がったということです。

銀行員：そうですね。返済猶予中ですから、何とか、今までの与信実績を超える貸出は控えていただきたいですね。返済しないで手元に残った資金で、新規の資金ニーズを賄っていただけませんか。

税理士：社長にご紹介いただいた税理士の佐藤です。早速本題に入って恐縮ですが、お話によれば、返済猶予をしていることによって、新規資金の貸出は受けられないということですか。確か、返済猶予を行っていても、経営改善計画を提出すれば、格付を引き下げたり、返済を強要されないと聞きましたが……。また、赤字の企業でも、事業性評価融資であるならば、事業性を評価できれば、融資を受けられると新聞にも書いてありましたが……。

銀行員：その通りですが、なかなか、「貸増し」までは難しいと思います。

税理士：ということは、当社の新規の設備投資の資金支援はできないということですか。設備投資資金は、大きな金額であり、どうしても、借入金残高は跳ね上がってしまいますので。確か、ローカルベンチマークで10の指標を示して、対話をすることによって、事業性評価融資として借入れができるようにも言われていますが……。

銀行員：では、何とか、返済猶予貸出に正常返済を付与していただけませんか。そうなれば、同時に、設備投資資金の支援もできる可能

性が出てきます。

経営者：実は、私どもも、返済猶予借入れに無理のない返済をつけたいと思っていたのです。設備投資も早急にしなければならないと思っていますので、佐藤先生に依頼して、経営計画を策定し、取引の正常化を図りたいと思っています。

税理士：了解しました。では社長と相談しながら、早急に経営改善計画の概要を固めて、キャッシュフローから返済財源を算出し、金融機関調整をして、各行の毎月の返済額を固める動きをしたいと思います。その際は、貴行も相談に乗ってください。

銀行員：いつでもご相談にいらしてください。私どもとしても、貸出の増加は歓迎ですから、何とか、早期に設備投資貸出の検討に入りたいと思っています。

税理士：では、よろしくお願いします。しかし、経営改善計画に対して、何か制約事項はありませんか。

銀行員：そうですね、毎決算期の赤字は2～3年で解消し、債務超過もできれば5年、長くとも10年以内にはなくしていただきたいのですが。その10年くらいの間に、正常先までランクアップしていただければ、支援しやすいのですが。

税理士：そのような数値は、金融機関の再生支援の目安であることはよくわかりますが、厳格な売上とコスト予想で、そのような数値にならないことも考えられます。とにかく決算期間の損益は早期に黒字化すると思いますが、債務超過解消や正常先のバランスシートにまで到達できるかは、社内の各部署へのヒアリングが欠かせませんので、今は何とも言えません。

経営者：そうですね。会社に戻ってから、もう一度、細部を詰めて計画策定作業に入りたいと思います。

税理士：とは言っても、計画に沿った各金融機関の返済を早期にスタートできるか、現実問題として、見通しが立ちません。貴行も、金融機関間の返済調整のご支援をお願いできませんか。

銀行員：おっしゃることはよくわかります。私どもも、早期に計画ができるように協力しますので、実行可能な設備資金の対策を講じてください。

税理士：私どもも、各方面に当たって、何とか設備資金の調達の努力はしますが、早期に正常返済を付与して、貴行からお借入れできることが当社にとっても有り難いことですから、よろしくお願いします。

経営者：ぜひ、お願いします。私どもとしては、全社をあげて、直ちに計画の策定と設備投資の資金調達に動くことにします。

### コメント

　目下、金融庁は金融行政方針や事業性評価融資、経済産業省や中小企業庁はローカルベンチマークや中小企業等経営強化法で、中小企業に対する金融機関の積極的な融資支援を勧奨しています。この佐藤税理士は、金融行政の動きをよく勉強し、金融機関のプリンシプル（行動原則）も理解しています。金融機関の多くは、東京証券取引所の上場企業であり、コーポレートガバナンス・コード（＊）を受け入れており、もしもこの原則（コード）を受け入れない場合は、受け入れない理由を明確に説明しなければなりません。金融機関としても、金融行政などを理解している税理士に対しては、金融機関の本部とよく相談しながらコンプライアンス、ガバナンスに沿った対応をすることをお勧めします。一方では、このような税理士こそ、金融機関の外部連携の対象であると思います。

＊コーポレートガバナンス・コード：実効的な「コーポレートガバナンス」の実現のために主要な原則を取りまとめたもの

(2) 経営改善計画策定に関する相談の会話

　数日後、当社の経営者と佐藤税理士が来店し、再度、情報交換と話合いがなされました。

経営者：先日の話合いの後、会社に戻りまして、先生と役員たちと、直ちに経営改善計画の相談をしました。先生から、まず、私の経営理念・ビジョンを固めるように提案がありました。同時に、外部環境と内部環境について、営業部長や工場長、技術部長を加えて、皆で話合いを行いました。
銀行員：その話合いでは、建設的な意見が出ましたか。
経営者：意見は出るものの、なかなかまとまりませんでした。そこで、先生が財務・会計の専門家として、過去5年の貸借対照表や損益計算書の動きを分析して、問題点を指摘してくれることになりました。
税理士：確かに、私は税理士ですから、数字には慣れていますので、簡単に貸借対照表や損益計算書について意見を述べることはできますが、必ずしも、自分で納得できる意見ではありませんでした。その数値の変化が外部環境や内部環境といかに関連しているかは良くわかりませんでした。そこで、私の事務所のメンバーとじっくり分析を行って、2週間後に財務DD（デューデリ・調査）として報告することになりました。
経営者：とは言いながら、佐藤先生の財務DD、特に過去の数値分析から、外部環境と内部環境について、事業DDの方向が見えてくるようになりました。外部環境や内部環境の議論も、過去の指摘され

た数値によって、それぞれの課題や問題点が明らかになってきました。

税理士：そこで、事業DDの対象も徐々に明らかになってきましたので、この分野の調査を専門家に委ねることにしたいと思います。ということで、銀行さんにお願いがあるのです。当社の概要を理解した上で、事業DDを行ってくれる中小企業診断士などのコンサルタントの先生を、ご紹介いただけませんでしょうか。

銀行員：わかりました。すぐに本部に相談して、良いコンサルタントをご紹介したいと思います。

経営者：そうしますと、この経営改善計画策定にあたりまして、財務DDは佐藤先生、事業DDは銀行ご紹介のコンサルタントの先生ということになりますね。そこで、経営改善計画のフォームのご相談ですが、金融機関独自でよいフォームはありますか。貴行の様式の計画書はありますか。

銀行員：そのフォームはありますので、次回にお渡ししたいと思います。

税理士：しかし、貴行のフォームを利用させていただいた場合、他の金融機関にそれを持ち込むことはできませんね。やはり、どこの銀行にも通用する共通のフォームが望ましいのではないでしょうか。中小企業庁の経営改善計画サンプルAならば、中立性があってよいと思いますが……。

銀行員：その通りですね。では、中小企業庁の経営改善計画サンプルAで作成していただけますか。もちろん、財務DDや事業DDの報告書、また会社の組織図やモニタリング計画書、それから各部署のセグメント計画書については、そのサンプルAの補足説明書として添付してください。（この段階で、サンプルS（＊）のレベルの

# 第6章 事業性評価融資と外部連携

経営改善計画になっている）

税理士：そこで、確認しておきたいことがあります。このようなプロセスで、経営改善計画の作成を進めていますが、この計画策定の目的は正常返済の付与とその後の設備資金の調達ですので、どうしても、早急に各金融機関の個別の返済金額を決定しなければなりません。この調整は、どのように行えばよいのでしょうか。

銀行員：調整につきましては、私どもと相談した後に、準メイン行と3番目の金融機関に相談に行っていただけますか。そこで合意が取れましたならば、その線で、他の金融機関の承認は取れると思います。

税理士：では、この段階で、この経営改善計画と各金融機関の返済金額案は製本をしてよいということですか。もしも、この書類を製本しない場合は、それぞれの取引銀行には同一の書類が届けられていないのではないかと、疑心暗鬼になって、各金融機関の担当者は自行の書類に対して不安になると聞きました。

銀行員：そう言われれば、その通りですね。では、私どもと合意ができ、準メインと3番目の金融機関と合意ができましたら製本してください。

税理士：話は、ずいぶん細かい点になりましたが、実は、この製本のことで、各行の調整が大幅に遅れてしまった経験があるのです。では、今後ともいろいろ相談をさせてください。

銀行員：こちらこそ、どうもありがとうございます。

経営者：では、以後も、この3者連携をよろしくお願いします。

＊サンプルS：サンプルAに事業DDとモニタリング計画を加味した計画

> **コメント**

　佐藤税理士は、経営改善計画のベースになる、財務DD・事業DDの関係、会社組織図・モニタリング計画書・各部署のセグメント計画書などの意義や位置付け、そして、経営改善計画のフォームの役割などについて、熟知しています。また、経営改善計画と各金融機関の返済調整、複数行取引銀行における計画の製本の意義についても、かなりの実務経験を積んでいます。

　金融機関の担当者や本部・審査部のメンバーなどは、経営改善計画に対する評価や批判はできるものの、策定支援実務のスキルや知識については、欠落していることが多々あります。この佐藤税理士のような実務家が、金融機関の外部連携には欠かせない人材に思われます。

## ⑤　事業性評価融資における「ローカルベンチマーク」と税理士などの選び方

　以上述べてきた税理士の選別法においては、ほぼ固まってきていますが、本書のテーマになっている「事業性評価融資」についても、中小企業は税理士の支援を受けることが望ましいと思います。ただし、税理士による支援方法はまだ明確になっていません。

　しかし、2016年3月に経済産業省が公表しました「ローカルベンチマーク」は今後、金融機関における「事業性評価融資」を実行する時の一つの条件になるものと思われます。もし、金融機関の多くがこの「ローカルベンチマーク」を「事業性評価融資」の審査における一つの条件として使うようになるならば、この「ローカルベンチマーク」やそのワークシートである「財務分析シート」や「非財務ヒアリングシート」（ローカルベンチマークツール）を作成できる税理士などが、やはり金融機関に選別されることになると思います。

ということで、以下において、この「ローカルベンチマーク」について、経済産業省のホームページ「地域企業 評価手法・評価指標検討会中間とりまとめ〜ローカルベンチマークについて〜」「ローカルベンチマークについて、2016年3月 経済産業省 経済産業政策局 産業資金課」「ローカルベンチマーク活用行動計画（案）」を抜粋しながら、解説していくことにします。

そもそも、ローカルベンチマークとは、地域企業の経営課題の把握・分析や、金融機関や支援機関との対話のための手段・ツールであり、個社の経営改善や成長、金融機関や支援機関等の目的達成、ひいては地域経済の振興のための手段というものです。

▼【参考】ローカルベンチマークのイメージ

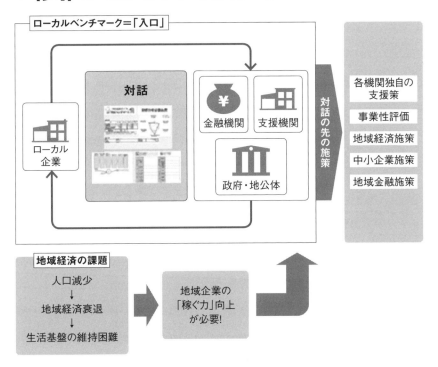

具体的には、ローカルベンチマークが以下の点に活用されることになっています。

ア）「まち・ひと・しごと創生総合戦略」における産業・金融一体となった地域経済の振興施策を推進するとき。

イ）金融庁の金融行政方針における「事業性評価」についてローカルベンチマークが金融機関（いわゆる「メインバンク」以外の金融機関を含む）と地域企業や他の金融機関および各支援機関との共通の目線となるとき。

ウ）中小企業基盤整備機構、中小企業関係団体等の支援機関などに効果的に組み込まれるとき。

エ）地方公共団体が地域の経済・産業に関する情報収集や分析、課題の共有を図る上で、積極的な関与が重要であるとき。

▼ローカルベンチマークの内容

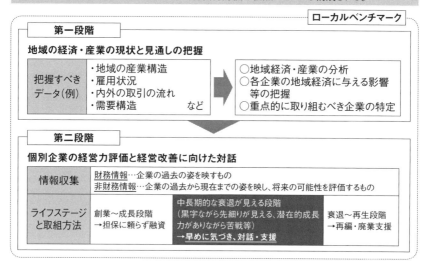

# 第6章 事業性評価融資と外部連携

## ▼＜第二段階＞個別企業の経営力評価と改善に向けた対話（企業の健康診断）

●財務情報と非財務情報から、企業の経営力や事業性を理解、評価する。

**財務情報**…企業の過去の姿を映す
→事業価値把握に有用
○6つの指標
①売上高増加率…**売上持続性**　　②営業利益率…**収益性**　　③労働生産性…**生産性**
④EBITDA有利子負債倍率…**健全性**　⑤営業運転資本回転期間…**効率性**　⑥自己資本比率…**安全性**

| 企業 |  | 金融機関・支援機関 |
|---|---|---|
| 自己分析を実施 | | 企業から財務情報を入手し分析 |

**非財務情報**…企業の過去から現在までの姿を映し、将来の可能性を評価
→事業価値の源泉把握・財務情報の裏付けに有用
○4つの視点
①経営者への着目　②事業への着目　③関係者への着目　④内部管理体制への着目

| 企業 | | 金融機関・支援機関 |
|---|---|---|
| | 双方の対話を通じた把握 | |

 上記を基本的な枠組み、「入口」として、それぞれの企業や金融機関、支援機関が独自の視点・手法で、より深い対話や理解を進めることが期待される。

## ▼＜第二段階＞財務情報に基づく分析

●企業の成長性や持続性等を把握し、対話を行うためのきっかけとなる6指標を抽出。

① **売上増加率（＝(売上高/前年度売上高)－1）**
　・キャッシュフローの源泉。
　・企業の成長ステージの判断に有用な指標。

② **営業利益率（＝営業利益/売上高）**
　・事業性を評価するための、収益性分析の最も基本的な指標。本業の収益性を測る重要指標。

③ **労働生産性（＝営業利益/従業員数）**
　・成長力、競争力等を評価する指標。キャッシュフローを生み出す収益性の背景となる要因として考えることもできる。
　・地域企業の雇用貢献度や「多様な働き方」を考えれば、本来、「従業員の単位労働時間あたり」の付加価値額等で計調すべき指標。

④ **EBITDA有利子負債倍率（＝(借入金－現預金)／(営業利益＋減価償却費)）**
　・有利子負債がキャッシュフローの何倍かを示す指標であり、有利子負債の返済能力を図る指標の一つ。

⑤ **営業運転資本回転期間（＝(売上債権＋棚卸資産－買入債務)/月商）**
　・過去の値と比較することで、売上増加と比べた運転資本の増減を計測し、回収や支払等の取引条件の変化による必要運転資金の増減を把握するための指標。

⑥ **自己資本比率（＝純資産/総資産）**
　・総資産のうち、返済義務のない自己資本が占める比率を示す指標であり、安全性分析の最も基本的な指標の一つ。自己資本の増加はキャッシュフローの改善につながる。

## ▼＜第二段階＞非財務情報に基づく分析

●財務情報に加えて非財務情報についても、対話を通じた把握、経営者の気づきを期待。

| 01 | 経営者への着目 | ◆経営者自身のビジョン、経営理念<br>◆後継者の有無 |
|---|---|---|
| 02 | 事業への着目 | ◆事業の商流<br>◆ビジネスモデル、製品・サービスの内容、製品原価<br>◆市場規模・シェア、競合他社との比較<br>◆技術力、販売力の強み／弱み<br>◆ITの能力：イノベーションを生み出せているか |
| 03 | 関係者への着目<br>企業を取り巻く環境 | ◆顧客リピート率、主力取引先企業の推移<br>◆従業員定着率、勤続日数、平均給与<br>◆取引金融機関数とその推移、金融機関との対話の状況 |
| 04 | 内部管理体制<br>への着目 | ◆組織体制　　　　　◆社内会議の実施状況<br>◆経営目標の共有状況　◆人事育成システム |

　そして、実際には「ローカルベンチマーク」を、第一段階では地域の経済・産業の視点で、第二段階では個別企業の視点で、対話を行うため策定することになっています。

　上記の「ローカルベンチマークの内容」は「第一段階」と「第二段階」の2つのプロセスに分かれていますが、この「第一段階」が今後の金融機関の貸出現場の担当者の新しい業務になります。これこそ前記（p.132）のエリア審査の背景・根拠に該当することになります。

　「地域経済・産業の分析」「各企業の地域経済に与える影響等の把握」「重点的に取り組むべき企業の特定」はエリア審査のベースに流れる内容です。また、この「第一段階」が「第二段階」の「非財務情報」につながる評価要因になります。

　この「第二段階」の財務情報の「6つの指標」や非財務情報の「4つの視点」は、別途定型フォーム（ローカルベンチマークツール）が用意されていますので、金融機関の貸出現場ではこのフォームが活用されることになると思われます。

以上が、この「ローカルベンチマーク」の概要ですが、おそらく金融機関の皆様にとっては、ローカルベンチマークが今後においては、従来の金融検査マニュアルや同別冊（中小企業融資編）と同様に重要な融資判断・審査のガイドラインになると思われます。すなわち、金融庁が推奨している「事業性評価融資」における「通行手形」のようなものになると思われたのではないでしょうか。

　もし、この「ローカルベンチマーク」がなかったならば、事業性評価については、個々の中小企業が、「借入申込用紙」に「自社の事業性評価の内容を書いた書類」を添付して独自に支店の貸出担当者に提出し、金融機関とケースバイケースの個別交渉を行うことが、今後の主な流れになったと思われます。この個々の交渉は長い時間をかけながら定型化・均一化されていくように思われますが、この「ローカルベンチマーク」は交渉時間の大きな節約になると思います。

　多くの中小企業は、複数行の金融機関から同時に借入れを行っていますので、既存借入れに対して同時に条件変更交渉を行うことが慣習になっています。提出書類については、どこの金融機関に対しても通用する同一な申込用紙や事業性評価融資書類が歓迎されています。この要請に対しては、「ローカルベンチマーク」に関わるガイドライン（ローカルベンチマークツール）が、存在意義を発揮するものと思われます。と同時に、関係者との対話にも役立ちます。

　銀行員にとって稟議書や査定書という申請書は定型フォームとなっており、記入事項が限定され、その作成者またはチェック者にとってわかりやすく、判断の公平化・合理化を図れるものです。また、税理士などにとっても税金の確定申告の定型フォームは有り難いものです。2015年9月からスタートした「事業性評価融資」についても、この定型フォームを銀行員も中小企業者も税理士なども、待ちわびている

と思います。まだ、この「事業性評価融資」は定着していませんが、定着した段階では、この「ローカルベンチマーク」やそのツールが定型フォームになると思います。

もし、定型フォームに採用されないとしても、この「ローカルベンチマーク」のツールを税理士などが銀行に提出すれば、対話を行う税理士や支援を行う税理士に対して銀行は高い評価を下すと思います。ちなみに、金融機関にとっては、既存の貸出審査時の財務データに加えて、この「ローカルベンチマーク」のツールがあり、対話の内容が明確になれば、金融機関内部の審査はスムースに流れるものと思われます。

### ⑥ ローカルベンチマークによる金融機関の立場を理解できる税理士の選定

このローカルベンチマークの特徴は、第一段階で「地域の経済・産業の現状と見通しの把握」であり、金融機関が「重点的に取り組むべき企業の特定」をすることになっています。そのために、経済産業省では「ローカルベンチマークにおけるRESASの活用について」の小冊子を作成しています。その抜粋は以下の通りです。なお、RESAS（地域経済分析システム）とは、地域経済に係わるさまざまなビッグデータ（企業間取引、人の流れ、人口動態、等）を収集し、わかりやすく「見える化（可視化）」したシステムです。

地域金融機関はこのRESASを活用して、「地域の経済・産業の現状と見通しの把握」や「重点的に取り組むべき企業の特定」をすることになります。

同時に、各地域金融機関ともに、半期または通期ごとに貸出増加目標や事業性評価融資の残高目標を設定すると思います。金融機関に

## 事業性評価融資と外部連携 第6章

### ▼RESAS（地域経済分析システム）とは

**目的**
- 人口減少、過疎化が構造的に進展し、疲弊する地域経済を真の意味で活性化させていくためには、自治体が、地域の現状・実態を正確に把握した上で、将来の姿を客観的に予測し、その上で、地域の実情・特性に応じた、自発的かつ効率的な政策立案とその実行が不可欠。
- このため、国が、地域経済に係わる様々なビッグデータ（企業間取引、人の流れ、人口動態、等）を収集し、かつ、わかりやすく「見える化（可視化）」するシステムを構築することで、自治体による様々な取組における、真に効果的な計画の立案、実行、検証（PDCA）を支援する。

**RESASを用いて把握できること（一例）**

❶産業マップ

企業数・雇用・売上で地域を支える産業が把握可能に
行政区域を超えた産業のつながりが把握可能に（※）

❷地域経済循環マップ

自治体の生産・分配・支出におけるお金の流入・流出が把握可能に

❸農林水産業マップ

農業部門別の販売金額割合が把握可能に
農業経営者の年齢・農地の利用状況が把握可能に

❹観光マップ

どこからどこに人が来ているか把握可能に
インバウンド観光動向が把握可能に

❺人口マップ

人口推計・推移、人口ピラミッド、転入転出を合算して把握可能に
地域の少子化と働き方の関係が把握可能に

❻消費マップ

飲食料品や日用品の購入金額・購入点数の商品別シェアが把握可能に

❼自治体比較マップ

各種指標を他の自治体と比較し、自らの位置付けを把握可能に

**RESASのご利用はこちらから**
https://resas.go.jp/
（Google Chromeよりご覧ください）

（※）企業間取引データは、国および地方自治体の職員が一定の制約の下で利用可能な「限定メニュー」

---

よっては、各支店ごとの目標にしたり、本部が選んだ「重点的に取り組むべき企業の特定」先に対する目標設定を行い、融資残高の増加推進を図ると思います。当然ながら、この目標設定時点では、個別企業の第2段階の財務情報や非財務情報の詳細はわかりませんから、金融機関としてはこの目標達成に向けて、各企業ごと、その支援者である税理士や認定支援機関などにローカルベンチマークの作成や対話を求めることになると思います。

　この特定先は複数行から借入れをしている大・中規模の企業のはずですから、貸出増加に対する金融機関同士の調整も必要かもしれません。ローカルベンチマークについても、複数行調整を前提にしたもの

### ▼ローカルベンチマークにおけるRESASの活用～分析の流れ～

- ローカルベンチマークの第一段階の部分についてRESASを活用。地域の産業構造、経済循環の状況、賃金・雇用の状況、地域企業が属する産業の財務情報等を分析。
- 第一段階で地域の経済・産業の現状と見通しの把握ができた後は、重点的に取り組むべき産業に属する個別の企業の経営力評価と経営改善に向けた財務評価及び非財務情報の収集による事業性の評価を実施。

---

**地域実態の把握（第一段階）：RESASの活用**

① 地域の産業構造について分析（全産業花火図、稼ぐ力分析、地域経済循環マップ等）

支援機関や金融機関、地公体といった各プレーヤー間で情報共有や連携を行うことが望ましい。

② 地域企業が属する産業の財務状況について分析（中小・小規模企業財務比較）

---

**個別企業の経営診断（第二段階）：ローカルベンチマークツールの活用**

③ 個別企業の財務情報を分析

ローカルベンチマークツールを基本的な枠組み、「入口」として、それぞれの企業や金融機関、支援機関が独自の視点・手法で、より深い対話や理解を進めることが期待される

④ 個別企業の非財務情報を分析

---

を作成し、対話も複数行と行うことになるかもしれません。各金融機関の貸出増加目標の根拠や、この企業に対する事業性評価融資の資金使途や返済管理について、十分理解して対応できる税理士などの専門家や認定支援機関を選定することも必要になります。

　できることならば、地域金融機関としては、その企業における「地域の経済・産業の現状と見通しの把握」までの情報提供ができる税理士などの人材を求めるものと思います。

# 第7章 フィンテックや不動産業者提携住宅ローンに学ぶ中小企業融資の活性化

　最近、話題になっているFinTechは、FinanceとTechnologyを掛け合わせた造語ですが、金融とテクノロジーの相乗効果で、金融機関と外部のFinTech企業と「連携」を組むことを想定することが多いようです。このような連携は、既存の金融機関とFinTech企業の共生型で、現在の金融機関単独のサービスよりも顧客ユーザーの満足度や品質は高いものです。金融機関は従前より「自前主義」を貫いてきましたが、今後は共生型になるものと思います。

　なかには、FinTech企業自身で、金融ビジネスを行うなど、金融機関の市場を奪う競合型の企業もあります。最近始まった「アマゾンレンディング」のサービスは、与信判断も早い上、アマゾンの倉庫に借入企業の在庫があれば、その企業のキャッシュフローも見えることから、金融機関にとっては脅威だと思います。しかし、コンビニのATM設置や公共料金の取扱いは、金融機関にとっては事務の合理化や効率化になり、顧客ユーザーにとっては、利便性が高まる、有り難い「連携」になっているようです。

　この金融機関の外部「連携」がさらに発展し、外部の企業との「提携」まで進んで、現在効果的にワークしている金融機関の業務があります。これこそ、住宅ローンであり、金融機関の内部用語で言うならば、「不動産業者提携住宅ローン」というものです。ここでは、その「不動産業者提携住宅ローン」を種々検討しながら、事業性評価の中小企業融資について、その活性化を展望していくことにしたいと思います。

## 1 ▶ 住宅ローン手続の効率化

　筆者は、約40年以上前に当時の三菱銀行に入行し、貸出担当になりましたが、その時は新人は必ず住宅ローン担当をしました。先輩や上司からは、住宅ローンは貸出実務ばかりではなく、顧客交渉も不動産担保についても学ぶことができ、新人教育には最もふさわしい商品であると言われました。

　確かに、来店客は「自分はいくらまでお金を借りることができるのか」「この物件を買いたいが、いくらまで銀行は貸してくれるのか」「いつまでに住宅ローンを出してくれ、自分たちはいつから住めるのか」という相談が持ち込まれました。来店客は、すべて住宅ローンの初心者であり、銀行サイドからの質問内容は簡単なことでも理解してもらえず、持ち込まれる書類も不備だらけでした。銀行員にとっては、事務の円滑化を妨げる業務ばかりでした。お客様は、1つの住宅ローン申込みで、少なくとも10回くらいは銀行を訪問し、銀行担当者も申込者1人に拘束される時間も今では考えられないような長い時間でした。

　一方、お客様にとっても、銀行から求められる書類はそのほとんどを住宅業者に依頼したり、自ら多忙な時間を割いて役所に取りに行くもので、まるで銀行への書類運搬人のような動きばかりでした。銀行に行けば、そのような住宅ローンのお客様の列の後ろで、長時間待たされることも多く、忙しい人には大変な苦痛でした。

　現在は、住宅ローンの借入れは様変わりです。住宅ローンについてはローン実行金額から金利や担保条件まで、そのほとんどを住宅販売業者が相談に乗り、手続まで行い、必要書類も用意してくれるのです。今や、住宅ローンの事務手続で文句や不平を言う人はいなくなりました。それは、「不動産業者提携住宅ローン」が一般化したからです。

第7章 フィンテックや不動産業者提携住宅ローンに学ぶ中小企業融資の活性化

① かつての一般的な住宅ローンの実態

　筆者は30年前に、三菱銀行の商品企画を担当していましたが、その頃は住宅ローンは、銀行の「自前主義」の商品でした。その住宅ローンを申し込みたいと思ったならば、申込者本人が銀行の融資課・貸出課に出向いて、このローンを実行してもらえるのか否かを銀行に事前相談して、銀行の承認のニュアンスを受けることが一般的でした。

　その時には、銀行担当者は、住宅ローン金額や期間ばかりではなく、希望購入物件の概要や、申込者の勤務先・年収や手元資金額などを聞いて、住宅ローンが実行できるか否かのニュアンスを伝えなければなりませんでした。

　その後、この申込者は、住宅販売会社かハウスメーカーまたはマンション業者に出向いて、購入希望物件を選び、その物件の詳細や購入時期・金額、住宅ローン担保設定時期・手続、さらには資金の支払時期や入居時期までの概要を売手業者に聞かなければなりませんでした。

　当然ながら、住宅購入は一生に一度か二度のことであり、この事務手続は初めての方が多く、記入する書類やその事務手続まで、十分には理解できず、曖昧な理解のまま、不安の気持ちを抱きながら銀行交渉をされていました。住宅ローンを担当する銀行員もベテランでなければ、その銀行交渉はぎこちない状況でした。

　この住宅ローンの申込みを受けた銀行員は、その申込者が不慣れのため、要請事項や伝達事項を正確に把握できず、やはり不安を持ちながら手続を進めました。申込者に質問するも、その回答はなかなか要領を得ないことが多く、一方申込者としても、不動産業者と銀行の間を何回も往復することになり、関係者は皆、ストレスをため込むようになっていました。そのような経緯のもと、やっと住宅ローンの実行が決まりましても、ローンの入金口座や支払時期、契約書の書き方や

不動産担保の設定の段取り、団体信用生命保険や火災保険の手続、固定金利・変動金利の内容や選択のポイント、さらには一部内入れや一括返済方法など、その疑問点や不安材料は、出てくるばかりです。

　このような状況のなか、銀行員は一人の住宅ローン申込者に対して、10時間以上の接客時間・事務処理時間がかかりました。実際には、一回の来店時の接客時間は30分くらいですから接客回数は十数回を超えることもあり、稟議書・査定書やその関連書類の作成時間も、情報や資料も完備されていないために何時間もかかるということになり、ストレスも頂点に達することが多々ありました。

　そこで、30年前には、この銀行員の事務の合理化が金融機関の喫緊のテーマとなり、事務フローの改善や事務手続の合理化と応対時間の効率化が大きな課題になりました。

② 　不動産業者提携住宅ローンの拡販による事務処理時間効率化と顧客ストレスの解消

　そこで銀行は、不動産業者提携住宅ローンに注目して、この住宅ローンの推進に本腰を入れるようになりました。筆者は30年前、三菱銀行でこの商品企画をすることになりました。その頃から銀行は、不動産業者である住宅販売会社・ハウスメーカー・マンション業者に、住宅ローンのほとんどの事務手続や顧客説明を委ねるようになりました。

　購入物件に関する土地・建物の詳細や、購入時期・支払金額、また住宅ローン担保設定時期・手続は当然ながら、住宅購入者の勤務先・年収や手元資金額、団体信用生命保険・火災保険の手続、また固定金利・変動金利の内容や選択のポイント、さらには、一部内入れや一括返済方法などまで、すべて不動産業者が手続・説明をしてくれました。

　住宅ローン申込者・購入希望者には、関連する詳細の説明を行い、

必要書類の用意の仕方まで指導をするようになりました。銀行へ申込書の書き方や、銀行が求める説明資料の作成法、また各種証明書類の徴求方法まで指導し、そのような提出書類を一式取り揃えてくれるようにもなりました。その書類に関する申込者の疑問点や、事務処理の理由まで、詳しく解説してもくれました。多くの書類は、不動産業者がほとんど作成して、契約書類上に署名捺印を住宅ローン申込者が行えばよいというほどに整えられました。

　ということは、銀行としても、その業者に前もって住宅ローンの申込用紙や必要書類一覧表を手交しました。その申込者が銀行を訪問する時には、申込項目を記入してある住宅ローン申請書とその付属書類を持参することになっており、1～2回の銀行訪問で済むようになりました。住宅ローンに関しては銀行は「自前主義」を放棄しました。

　銀行としては、申込みの内容事項の違和感チェックと個人信用情報の確認、そして本人確認と本人の借入意思確認の面前自署を求めることをするだけであり、事務処理はほぼ完了することになりました。顧客との面談時に、銀行員は、住宅ローンの契約書・担保設定契約書、ローン代金の振込用紙への署名を求めることで、すべての手続は完了することになりました。

　そのために、銀行としては不動産業者との提携契約を結び、不動産業者や住宅ローン申込者の交流の場であるローンプラザ・ローンセンターの施設は用意しますが、住宅ローン申込者と銀行担当者の間では、ほとんど接客時間や事務処理時間はかからないものになりました。

　この不動産業者提携住宅ローンの導入により、銀行は、一般的なプロパー住宅ローン時代に十数時間以上かかっていた接客時間・事務処理時間が、ほぼ30分以内に縮減できるようになりました。この時間はどんどん短縮化されています。申込者および銀行担当者のストレス

も大幅に解消するようになりました。

　なお、以下の2表は、加藤孝一・池上秀司著『住宅ローンの教科書（改訂版）』（週刊住宅新聞社）のp.98～99の図表に筆者が加筆（⇦▢の部分）したもので、一般的な住宅ローンと不動産業者提携住宅ローンの事務フロー表です。

### ③　不動産業者提携住宅ローンによる不動産業者のメリットと銀行の顧客のストレスの解消

　顧客が銀行に提出する借入申込書や関連資料に至るまで不動産業者が作成支援するということは、銀行が住宅ローンを実行する時の事務手続を熟知することになります。このように、顧客の住宅ローン手続支援や顧客の種々の金融に関する相談に乗ることは、不動産業者にとっては住宅についての資金調達金額を推定できるようになることです。不動産業者の住宅ローンに対する知識やスキルが大いに高まることになります。すなわち、不動産業者は、顧客がいくらくらいの金額を住宅ローンとして調達することができるかを類推することができるようになります。その後の顧客に関しましては、いくらの物件まで購入できるかが推察できるようになることです。すなわち、不動産業者は、住宅ローンに絡むことによって、顧客の手元資金に住宅ローンを加えた高額な物件を次回から販売することができ、その分、収益が増加するようになるのです。

　顧客としても、住宅ローンの金額を合算した金額で、より高額で高品質の住宅を買うことができるようになります。正に、顧客の住宅ローン支援が、不動産業者にとっては、より大きな収益に結び付くことになり、また、住宅購入に慣れない顧客と住宅販売の現場を知らない銀行員との長いストレス交渉時間を節約させることができ、住宅ローン

第7章 フィンテックや不動産業者提携住宅ローンに学ぶ中小企業融資の活性化

## ▼申込の流れ（一般的な場合）

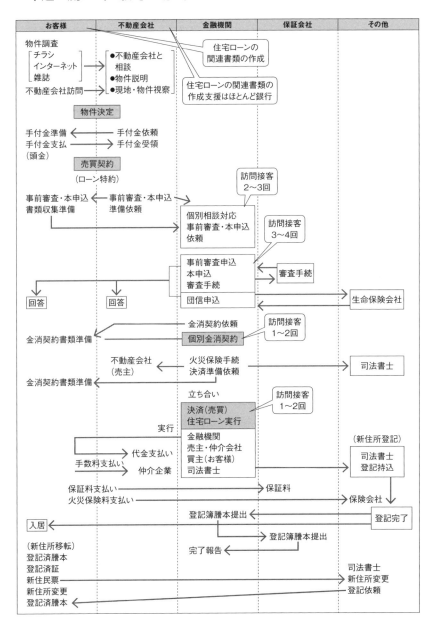

## ▼申込の流れ(提携ローンの場合)

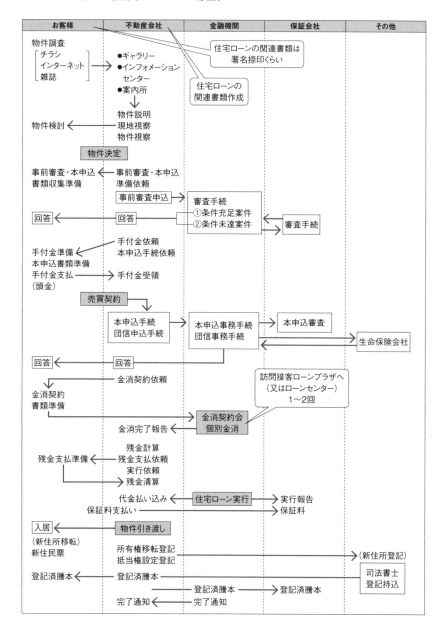

の早期実行が可能になるのです。

#### ④　銀行のコア業務である貸出審査を不動産業者に委ねられるか

　不動産業者提携住宅ローンについては、そのローンの申込者は、銀行員の面前で申込用紙の細目に関し記入をしなかったり、住宅ローンの関連資料を不動産業者が作成支援したり、顧客の金融に関する種々の相談や問合せを不動産業者が処理対応することになります。このことは一見、銀行の顧客の住宅ローン審査を不動産業者に委ねるように見えるので、当時は、大蔵省の担当者と銀行の商品企画の担当者の間では、「審査とは何か」という議論が交わされました。

　大蔵省の担当者は「審査は銀行独自で行わなければならないものであるから、不動産業者提携住宅ローンといえども、不動産業者が審査に関わることはまずい」という考え方を示しました。しかし、銀行サイドでは「審査は申込用紙の記載や申込人の信用度を裏付ける情報資料を作成することではなく、申込者の本人確認と借入意思確認、また申込者の将来の信用状況・返済確率の判断を行い、貸した資金が有効に使われ返済されることを見分けることです。」と主張しました。

　結果は、住宅ローンの実行以前に、銀行サイドとして、将来の信用状況・返済確率の判断を完了しており、住宅ローンの契約書締結時点で申込者の本人確認と借入意思確認を確実に行うこととなりました。すなわち、以前の銀行は保守的な考え方で、不動産業者提携住宅ローンは、業者による銀行の住宅ローンの販路紹介業務に限定し、住宅ローンの申込書・関連資料の作成は銀行員自身が行い、その助言・相談・問合せについてもあくまでも銀行員が実施することを励行していましたが、この大蔵省との意見交換以来、それらの業務は不動産業者に委ねることになりました。

銀行員は、本人確認・借入意思確認・将来の信用状況・返済確率についての判断を審査業務とみなして、この判断業務に対しては、審査業務として確実に励行することになりました。そのために、銀行は支店（営業店）の一部にローンセンターやローンプラザという特別な場所を設けて、不動産業者との情報交換や住宅ローンの事務処理力の指導・評価を確実に行うことができるように、そのインフラを整えました。

　不動産業者が紹介する住宅ローン申込者には、銀行としてはローンセンターやローンプラザへの来訪を求め、本人確認と借入意思確認、面前自署などを徹底すると同時に、将来の信用状況・返済確率の判断を事前にしっかり行うことにしました。

　それから20数年が経過し、銀行の住宅ローンはこの不動産業者提携住宅ローンが主流になり、今や住宅ローンは不動産業者の指導で大半の手続を済ませ、最後に住宅ローンの入金口座の作成とローン契約を銀行員が行うという形態が定着するようになりました。現在では、全住宅ローンのうち70～80％をこの不動産業者提携住宅ローンが占めるようになりました。顧客にとっても、住宅ローンによる資金調達が容易になり、不動産業者も住宅ローンの実行可能性が推測できることから、より高額の物件を売却できるようになり、また銀行も大幅に審査時間やその事務処理の軽減化が図られるようになったのです。

　顧客にとっては、慣れない住宅ローン関連交渉や事務負担の軽減化を図ることができ、時間の節約とストレスの解消に役立つようになりました。正に、住宅ローンの借り手の住宅購入者、貸し手の銀行、住宅販売の不動産業者の「三方よし」の関係が成立して、三者の相乗効果が生まれることになったのです。ここまで、住宅ローンについて銀行の「自前主義」の放棄の考え方と経緯を詳しく述べてきましたが、これは中小企業融資の活性化にこの自前主義放棄が起爆剤になること

を願ったからです。

## 2 ▶ 中小企業融資は不動産業者提携住宅ローンにおける「三方よし」の方式を学べないか

### ① 最近の中小企業融資の実態

　貸出現場のIT化・合理化が進み、定型貸出のシェアが増加し、貸出担当者の融資権限は本部にシフトされ、取引先の融資判断の相談もほとんど貸出担当者は即答ができなくなっています。融資残高の上限値や返済期間の長さも限度を超えると支店には決定権限はなくなります。また、債務者区分で、要管理先や破綻懸念先などの不良債権先に評価されると、新規融資や条件変更も決定権限は支店にはありません。

　さらには、目下40万社といわれる返済猶予先の経営改善計画や正常返済付与の相談も、貸出現場の支店には決定権限はやはりありません。現在、金融庁が推進している短期継続融資も事業性評価融資も、また経済産業省が推進しているローカルベンチマークも、支店の貸出担当者には決定権限はありません。

　支店の融資担当者に決定権限があるのは、信用保証協会保証付きの貸出と、定期預金担保付きの貸出、または担保資産の余力充分な貸出に限られているようです。そこで、支店の貸出担当者は、稟議書などの申請書を作成して、その都度、本部・審査部の承認を取らなければ、融資の交渉ができない状況です。

　金融機関の内部においては、取引先の要望を通すためには、「本部・審査部への稟議書の申請で承認をもらうか」「支店担当者が融資を謝絶するか」「他行で融資を受けるように申込者に勧奨するか」という3つの選択しかありません。とにかく、金融機関の融資担当者にとって、本部・審査部に稟議を申請することは、物理的にも精神的にも大

きな負担があるのです。

## ② 稟議書作成時の資料提供と情報収集

　稟議を書くということは、融資申請する企業やその事業、担保などの内容のほか、その企業の外部環境や内部環境、申請の背景や返済の根拠などを文章で書くことです。この文章化には、申請企業からの多くの情報資料の提出が必要になります。

　前段で述べたように、不動産業者提携ではない一般的な住宅ローンを実行しようとする金融機関は、慣れない申請者に多くの資料の提出を求め、その申請者は不動産業者に相談し、その業者から書類を取り寄せて銀行に提出していました。

　実は、中小企業の借入申込みに対して支店担当者が稟議を本部に出す場合も同様です。この場合は、試算表や資金繰り表、銀行取引一覧表は必須であり、その上に、資金使途によって、種々の資料の提出を求めます。また、企業やその事業、担保などの内容、企業の外部環境や内部環境、申請の背景や返済の根拠などを、貸出の担当者はヒアリングをし、多くの中小企業の経営者や財務担当者は、税理士などの専門家にその資料を作成してもらったり、問合せを行っています。そして、企業としては銀行の担当者に提出をしたり返答をしています。

　その点、借手企業が銀行から資料の提出や財務面のヒアリングを受け、顧問税理士などに支援を求め、企業自身が銀行に、税理士などの作成した資料や回答を行うという有り様は、まるで前述の自前主義であった住宅ローンと同様に思われます。もし、税理士などの専門家が企業経営者と銀行の間に入って、書類作成や質問への回答を行うことができたならば、中小企業融資の事務負担軽減が図れ、中小企業経営者や金融機関のストレスは大いに軽くなると思われます。

### ③ 税理士などが中小企業支援として金融機関への提出書類を作成することのメリット

　ということは、中小企業経営者にとって、税理士などがこれらの支援を行うことは、金融機関への資料作成負担が少なくなることであり、その分、融資に対する抵抗感が薄れ投資意欲に結び付くものと思われます。また、中小企業経営者が本業の技術開発や販売活動などに注力できるようになれば、どんなにかその企業の技術力・営業力は高まることでしょう。

　一方、どんなにロマンや理念が高い経営者であろうとも、手元資金がないために思い切った企業活動ができないことが多々あります。将来、手元に現金が貯まったとしても、今資金がなければ何の役にも立たないことがあります。毎月現金を貯めて30年経ったとしても、30〜40歳の時に住宅ローンを借りて住宅を建てなければ、子育て・教育・交友関係が円滑にできない、積立預金ばかりの人生になってしまいます。今のお金は同額でも、将来のお金よりも役立つものなのです。容易に借入れができるということは、企業や個人事業主を元気にさせることなのです。

　銀行の貸出担当者にとっては、情報開示資料を提供してもらえることは、稟議書資料の作成負担や情報収集時間の軽減化につながり、銀行担当者のライフステージに沿ったコンサルティング力の強化につながります。取引先の情報の非対称性の改善や、与信管理業務の軽減化によって生じた余力を、金融機関の担当者はローカルベンチマークにおける第一段階の「地域の経済・産業の現状と見通しの把握」に注力することができます。

　すなわち「地域経済・産業の分析」「各企業の地域経済に与える影響」「重点的に取り組むべき企業の特定」などの業務に集中することがで

きるようになり、地域貢献に寄与できるようになります。正に「地域企業応援プラットフォーム」の活動もできるようになるのです。

　銀行は大組織であることから、融資の決定は、審査制度の中で実行されます。すなわち、稟議書・査定書という申請書を、顧客企業と接する担当者が起案し、順次上席に回して、本部・審査部の最終権限者が融資の決裁をします。その最終権限者は融資現場にいないため、その現場担当者である起案者は、書類作成能力が必須になります。

　最近は、この現場担当者の稟議書などの書類作成能力にバラツキが大きくなっています。そのために、借入申込者自身、またはその顧問税理士などが、金融機関内部の稟議書などの申請書に添付する付属資料は、かなり精緻に作成することが必要になっています。

　また、銀行の意思決定は文書主義であり、融資意思決定者はほとんど融資先企業を訪問することはありませんし、その融資決定は、複数行取引が常態化していますから、融資実行や条件変更は一層厳格に行う傾向にあります。

　もし、業績が今一つ低調な取引先に、他行よりも緩い融資実行・融資条件を提案した場合は、結果的には他行の不良債権などを自行が肩代わりすることになり、その意思決定者は金融機関内部での評価を落とすことになってしまいます。まして、その評価の基になる財務報告が粉飾まがいのものであったならば、その決定者の責任問題になってしまいます。

　このように、業績不振の複数取引先の融資実行や条件は厳しくなる一方です。このことを「逆選別」と言っていますが、どこの金融機関にも存在する現象です。このことを防止するには、情報の正確性・客観性やどこの金融機関にも同一な情報を提供する公平性を、金融機関は求めています。税理士は公的な資格者であり、社会的な信頼もあり

ますので、企業と関係の深い顧問先・関与先であろうとも、金融機関はその情報を信用します。そして、税理士などの専門家は自分たちの努力で中小企業の売上が増加したり、費用の削減が達成できれば、その収益の一部を、税理士などの資料作成手数料やコンサルティングフィーとして配分を受けることができます。すなわち、銀行への情報開示資料の作成で、収益増加を図ることができることになります。

また、自分たちの作成支援した情報が、地域では高い信用を誇る大組織である金融機関に評価されることになれば、将来はその金融機関から取引先企業の紹介を受ける可能性もあります。税理士としては、少子高齢化による中小企業の減少や赤字決算企業の増加また電子申告先の増加で、業務領域が狭まっています。そこで、この金融機関の顧問先・関与先への情報開示資料の作成や経営助言・相談は、新業務の開拓につながることであり、歓迎すべきことです。

## 3 ▶ 税理士等に提出を要請する情報開示資料のポイント

### ① 税理士等提携中小企業融資と不動産業者提携住宅ローンとの比較

以上見てきたように、一般の住宅ローンと不動産業者提携住宅ローンを比較した場合は、借り手、不動産業者、金融機関のすべてにとって、正に「三方よし」でした。そこで、仮に「税理士等提携中小企業融資」を想定した場合は、一般的な中小企業融資に比べて、どのような強みがあるのでしょうか。

それは、中小企業経営者や財務担当者よりも、税理士等は財務・会計のスキルに長けており、企業情報の分析能力も優れているということが言えると思います。また、税理士は、中小企業とは「1対1」の関係にあって、金融機関よりも客観的な見方と各金融機関に対して公

平な見方ができます。さらに、月次訪問や巡回監査制度によってモニタリングも励行することができます。したがって、中小企業と税理士などの専門家の連携は金融機関にも有り難いことです。しかし、不動産業者提携住宅ローンと比べた場合、必ずしも税理士など専門家が、金融機関にとって優れているとはいえません。

不動産業者提携住宅ローンは、不動産業者と金融機関が提携して不動産業者が自社の社員にガバナンスを効かせ均一な行動を取らせることができますが、仮に「税理士等提携中小企業融資」を想定した場合、税理士等は個人事業主であるために、日本税理士会連合会であろうともTKC全国会、弥生PAP会などであっても、税理士の行動をガバナンスしたり均一化させることはできません。不動産業者においては、住宅ローンの知識・スキルは一定レベルに保つことができますが、税理士等については中小企業金融の知識・スキルは千差万別です。

金融機関にとっても、税理士との関係が親密のところもあれば、疎遠のところもあります。税理士等と中小企業とについても、税理士等は事業性評価融資・経営改善計画・コンサルティングについて熱心であるか否かのバラツキもあります。また、住宅ローンは、一人一生に１回が普通という単一商品で実行もその後の管理面も単純化していますが、中小企業融資については、企業の資金使途も多様化し、貸出の本数も多く、借入金融機関も複数となっていますので、実行においてもその後の管理についても複雑で難しいことが多々あります。個々の借入金額も期間も担保も異なる商品を包含していますので、管理は難しいものです。したがって、「不動産業者提携住宅ローン」と同様な形態の「税理士等提携中小企業融資」という制度を容易に導入することはできません。

とは言っても、中小企業にとっての税理士等は特別な存在なのです。

税理士等は、中小企業に寄り添い財務会計の力を持って、タイムリーな情報を税理士事務所のコンピュータやパソコンに保有しています。また、税理士は住宅ローンにおける不動産業者よりも、借手中小企業としては経営・ビジネス全体にとって信頼が大きい機関です。金融機関にとっても、税理士は地域密着型の資格保有の地元の名士であり、貸出担当者以上の財務・会計のスキル・知識の保有者とも言えます。実際に、現在でも多くの税理士は情報開示資料の作成者であって、借手企業の複数金融機関の調整役にもなっています。

　このようなことから、形式的な「不動産業者提携住宅ローン」よりも、実質的な「税理士等提携中小企業融資」すなわち「税理士等連携中小企業融資」の方が、中小企業にも金融機関にも有効にワークするものと思います。金融機関としても、税理士等の機能を理解し、スキルや知識の高い税理士を見極めることができれば、これほど融資業務に支援してもらえる機関はないと思います。時には、金融機関自身がそのような税理士に金融取引のアドバイスをすることもあると思いますが、いずれにしても、融資に関する有り難い情報開示支援機関と言えます。

② 金融機関の稟議書の添付資料になる税理士等の情報開示資料

　金融機関が中小企業に提出を依頼する情報開示資料は、具体的に示すとするならば、以下のものです。その情報開示資料のほとんどは、顧問税理士や関与税理士が作成したり、アドバイスを行っていたものと思われます。多くの中小企業の経営者は、来店時に情報開示資料の提出を行うものの、その資料の細目の説明になりますと、税理士の名前を上げるか、「詳しくは、後日説明します」といいます。これは、情報開示資料の作成者やその支援者が税理士であり、「詳しい内容は税理士等に聞いてきます」ということであると思います。

以下の資料は、借手中小企業が融資の申込みを行う場合、その融資に関する稟議書を作成するとき、貸出担当者が中小企業に求める書類の一覧表です。

　では、この一覧表をご覧ください。

| 情報開示資料名 | 取引先中小企業 | 税理士 | 銀行 | 今後の税理士の動き |
|---|---|---|---|---|
| 稟議提出時に必ず用意する資料 ||||||
| 試算表 | 税理士に作成依頼 | 金融機関への説明項目の作成 | ほとんど機械的に受け取るが、赤字傾向ならば、企業に説明を求める | 経営者と銀行へ。赤字傾向ならば、銀行へ提出する説明書類を作成 |
| 資金繰り表 | 税理士に作成依頼 | 金融機関への説明項目の作成 | ほとんど機械的に受け取るが、資金が不足しそうなときや大きな増減の説明を企業に求める | 経営者と銀行へ。資金が不足しそうなときは、銀行へ提出する説明書類を作成 |
| 銀行取引一覧表 | 自社財務担当が主に作成する。時には税理士が作成 | 各行への要請事項や金利バランスのアドバイス | ほとんど機械的に受け取るが、借入残高の大きな変化については質問する。時には各金融機関の金利と担保状況のヒアリングがある | 経営者と銀行へ借入残高の増減の説明。各銀行の金利と担保状況の説明書類を作成し、金利・担保交渉を行う |
| 資金使途別の詳細説明資料 ||||||
| 設備資金借入（見積書・契約書等添付の借入れ申込書） | 税理士に設備資金から生じるキャッシュフローの作成依頼 | 借入金額・返済期日・返済方法・担保案の作成・格付の相談 | 顧客企業に稟議書の付属資料等に適した様式に変更することを依頼 | 経営者と銀行へ。稟議書の付属資料を銀行への提出用説明書類として作成 |

# 第7章 フィンテックや不動産業者提携住宅ローンに学ぶ中小企業融資の活性化

| | | | | |
|---|---|---|---|---|
| 建設業借入（工事請負契約書等を添付した借入れ申込書） | 税理士に工事請負契約書によるキャッシュフローの作成依頼 | 借入金額・返済期日・返済方法・担保案の作成・格付の相談 | 顧客企業に稟議書の付属資料に適した様式に記入方法の変更を依頼 | 経営者と銀行へ。稟議書の付属資料を銀行への提出用説明書類として作成 |
| つなぎ資金借入（返済原資を裏付ける受注書を添付した借入れ申込書） | 税理士に仕入資金・在庫資金などの返済原資に沿った資金繰りを依頼 | 借入金額・返済期日・返済方法・担保案の作成・格付の相談 | 顧客企業に稟議書の付属資料に適した様式に記入方法の変更を依頼 | 経営者と銀行へ。稟議書の付属資料を銀行への提出用説明書類として作成 |
| 賞与・決算資金借入れ（資金繰り、前年同期実績を添付した借入れ申込書） | 税理士に借入期間の資金繰りの相談（6〜12か月） | 借入金額・返済期日・返済方法・担保案の作成 | 毎年の借入実績範囲内で、顧客企業の業績が前期並みならば、軽いヒアリング程度 | 経営者と銀行へ。稟議書の付属資料を銀行への提出用説明書類として作成 |
| 短期継続融資の借入れ（「売掛＋在庫－買掛」の過去計数を添付した借入れ申込書） | 税理士に決算書・経営計画・会社説明書など情報開示資料の作成依頼 | 決算書・経営計画・会社説明書など情報開示資料の作成と銀行への説明のポイント | 本部・融資部に相談後に、顧客企業に対して稟議書の付属資料に適した様式に記入方法の変更を依頼 | 経営者と銀行へ。念のため、稟議書の付属資料を銀行への提出用説明書類として作成 |
| 返済猶予中の借入群への正常返済付与（経営改善計画・キャッシュフロー付の借入れ申込書） | 税理士に経営改善計画書・キャッシュフロー・返済財源・各行別返済計画の作成依頼 | 経営改善計画書・キャッシュフロー・返済財源・各行別返済計画の作成と銀行への説明のポイント | 本部・融資部に相談後に、顧客企業に対して稟議書の付属資料に適した様式に記入方法の変更を依頼 | 経営者と銀行へ。念のため稟議書の付属資料を銀行への提出用説明書類として作成 |
| ローカルベンチマークの提出書類 | | | | |
| 財務情報 | 税理士などに依頼<br>・売上増加率<br>・営業利益率 | 平成28年3月公表<br>より深い対話や理解を進める | 平成28年3月公表<br>より深い対話や理解を進める | ローカルベンチマークの第一段階「地域の経済・産業の |

| | | | | |
|---|---|---|---|---|
| | ・労働生産性<br>・有利子負債倍率<br>・営業運転資本回転期間<br>・自己資本比率（業種別の特性を加味）<br>より深い対話や理解を進める | | | 現状と見通しの把握」を加味して、銀行への提出用の説明書類を作成 |
| 非財務（経営者） | 税理士などに依頼<br>経営者自身のビジョン・経営理念と後継者の有無<br>より深い対話や理解を進める | 同　上 | 同　上 | ローカルベンチマークの第一段階「地域の経済・産業の現状と見通しの把握」を加味して、銀行への提出用の説明書類を作成 |
| 非財務（事業） | 税理士などに依頼<br>ビジネスモデル・技術力・販売力・IT能力・イノベーションなど<br>より深い対話や理解を進める | 同　上 | 同　上 | ローカルベンチマークの第一段階「地域の経済・産業の現状と見通しの把握」を加味して、銀行への提出用の説明書類を作成 |
| 非財務（ステークホルダー） | 税理士などに依頼<br>顧客リピート率、従業員定着率、金融機関のスタンス、メインバンクとの関係など<br>より深い対話や理解を進める | 同　上 | 同　上 | ローカルベンチマークの第一段階「地域の経済・産業の現状と見通しの把握」を加味して、銀行への提出用の説明書類を作成 |

| 非財務(内部管理体制) | 税理士などに依頼 同族会社か・組織体制・人材育成・社内会議・コンプライアンスなど より深い対話や理解を進める | 同　上 | 同　上 | ローカルベンチマークの第一段階「地域の経済・産業の現状と見通しの把握」を加味して、銀行への提出用の説明書類を作成 |
|---|---|---|---|---|

　この表は、左の欄に情報開示関連資料名を記載し、右に向かって「取引先中小企業・税理士・銀行」の現在におけるそれぞれの動きを記載し、右の欄は「今後の税理士の動き」としました。

　銀行に提出する書類としては、「試算表・資金繰り表・銀行取引一覧表」は、「稟議提出時に必ず用意する資料」です。次に下段に書かれている内容は、稟議提出時の「資金使途別の詳細説明資料」です。稟議書に基づいて借入れの実行の承認をもらうには、返済財源や後日の入金状況の明確化が必要ですので貸出金が何に使われるかを詳しく記載しなければなりません。

　資金使途別の詳細説明資料は、設備資金の場合は「見積書・契約書等」、業種が建設業などの場合は「工事請負契約書」、つなぎ資金の場合は「返済原資を裏付けられる受注書」が必ず求められる資料です。「賞与・決算資金」「短期継続融資」「返済猶予中の借入群への正常返済付与」に関しては、参考資料として求められるものです。ただし、「短期継続融資」「返済猶予中の借入群への正常返済付与」については、中小企業庁のサンプルＡのような「経営改善計画書」を別途求めることもあります。

　さらに、2016年3月以降は「事業性評価融資」の参考資料として、「ローカルベンチマーク」のツールの提出を必要とすることもあります。

以上の「情報開示資料名」に記された税理士等の作成資料の他にも、時期や状況によって作成する資料があります。

　取引先企業の情報開示によって最も重要なものは、決算報告書です。金融機関に借入れの申込みに行く場合は、決算期の前後2か月は特に注意することがあります。3月末が決算期の企業の場合は、1月末から5月末までの間は、1月末～3月末は決算予想値の作成時期であり、そのコメントです。4～5月末は決算見込値の提出を求めます。

　特に赤字決算においては、翌期の見込値が必要であり、赤字が続く場合は5年程度の経営改善計画の提出が必須です。これらの資料は、担当者が稟議書のなかで、決算予想や見込みを記載しなければならず、赤字が続く場合は詳しい業況予想を書かなければならないからです。それらを記載して、融資申込みのあった企業の返済能力は大丈夫であることを、本部・審査部に謳わなければならないからです。

　そして、これらの書類は稟議書の付属資料になりますから、できるだけ数値表を用い、右の余白欄に簡潔明瞭、箇条書きにしたコメントを記載することが望まれます。また、銀行への提出資料は、数値の整合性があり、たとえば商品別・取引先別・地域別などの部門数値の合計が全体の数値と一致しているなど、ツジツマが合わないことがないように十分に注意することが大切です。

　この他にも、自社の概要がわかる資料として、「会社案内（説明書）」「ホームページのコピー」「取扱製品・商品のカタログ」などを求めます。さらに、「税務申告書類」「附属明細書」については、少なくとも3期分程度が必要ですし、代表者関連としては、その資産・負債の明細なども、銀行として要求することがあります。

## ◆巻末資料◆ 「中小企業等経営強化法」の概要

### 1．中小企業等経営強化法の目的

**（1）生産性向上の必要性**
少子高齢化、人手不足等の状況において、効果的に付加価値を生み出せるよう、製造業はもとより、相対的により生産性の低い非製造業における生産性の向上が必要。

**（3）業種別の経営課題への対応**
中小企業・小規模事業者が抱える経営課題や生産性向上のための取組方法は、事業分野や規模ごとに異なります。そのため、同業者等のベストプラクティスをもとに、自社において対策が講じられるように、取組を分かりやすく提供する必要。

**中小企業等経営強化法**
・政府が、生産性向上に役立つ取組を分かりやすく中小企業・小規模事業者等に提供
・生産性を向上させる取組を計画した中小企業・小規模事業者等を積極的に支援

**（2）業種横断的な経営課題への対応**
事業活動に有用な会計管理の徹底、財務内容の分析、ITの導入等、経営資源を十分活用するための取組をさらに普及させることが重要です。そのためには、支援機関の伴走型の支援によるきめ細かな経営課題の解決が必要。

**（4）中堅企業の重要性**
中堅企業は、地域の中小企業との取引のハブとなるなど、地域経済を牽引する存在です。中堅企業の生産性向上を一体的に支援することで、地域経済への大きな波及効果が期待。

### 2．中小企業等経営強化法のスキーム

**（1）事業分野別指針の策定**
事業所管大臣が、事業分野ごとに生産性向上の方法などを示した指針を策定。

**（2）経営力向上計画の認定**
中小企業・小規模事業者や中堅企業は、自社の生産性を向上させるための人材育成や財務管理、設備投資などの取組を記載した「経営力向上計画」を各大臣に申請。認定された事業者は、様々な支援措置を受けられる。

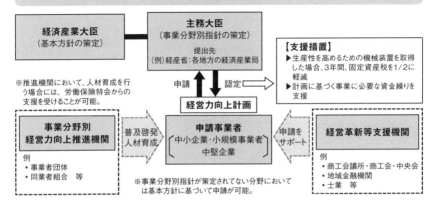

## おわりに

　当初、事業性評価融資は仕入資金融資・在庫資金融資・賞与資金融資などと同列に並ぶ融資商品のひとつと思われたかもしれません。しかし、実際は、銀行の融資商品の大半を包含するもので、サラリーマンなどに貸す住宅ローンや教育融資を除いた融資のすべての商品ということです。この事業性評価融資という言葉で、行政サイドで言いたかったことは、「すべての銀行支店の貸付課で扱う融資商品に対して、再度、事業性評価を徹底しよう」ということです。「従来の銀行サイドの与信管理重視の見方」を、「顧客企業サイドの立場で、融資支援の敷居を低くし、利便性の拡大を実現しよう。ただし、事業内容と成長可能性はよく見よう」ということで、融資姿勢の改革をすることです。

　2000年以前の銀行の企業への貸出は、すべて事業資金貸出と呼ばれ、事業性評価は当然のことでした。2000年以降の審査は、スコアリングシートによって格付を算出し、定期預金・不動産・株式の担保を見ながら、信用保証協会の保証は取れないかという、定型型（いわゆる「金融検査マニュアル」型）のチェック手法に変わってしまいました。資金繰りの中身やキャッシュフロー予測を行わないまま、実務的には、稟議書に印刷された「資金使途・返済期日・返済方法」の空所を埋めることが精々である形式的な事業性評価チェックであったようです。

　このような融資審査の流れや空気を変えるためには、金融機関の融資部門の意識改革が必要になり、そのことが、「事業性評価融資」の推進になったものと思われます。すなわち、この意識改革の目的は、事業性評価を重視する審査をもう一度復活しようということです。最近話題になっている著作で言われている『捨てられる銀行』にならないようにしようということです。そこで、「ローカルベンチマーク」という10の指標が選ばれて、公表されました。この「ローカルベン

チマーク」を「入口」として、それぞれの企業や金融機関、税理士などの支援機関が、独自の視点・手法で、「対話」を進めることになったのです。そして、事業性評価を厳密に行うために、この「対話」も、コーポレートガバナンス・コードに沿った、「建設的で目的を持った対話」すなわち、企業・金融機関・支援機関の絆を深める対話ということになっているのです。

　ということは、この対話を交わすメンバーは、金融機関と企業、支援機関を加えた3者ということです。そのために、企業と支援機関にも、この事業性評価融資やローカルベンチマークを理解してもらい、効果的な「連携」を組むことを目指すことになりました。金融庁は、企業や事業主に対して「円滑な資金供給の促進に向けて」という小冊子で、「事業性評価融資」やその考え方に通じる「経営者保証ガイドライン」「短期継続融資」の徹底を図っています。支援機関である税理士や認定支援機関には、中小企業庁が金融機関業務や経営改善計画に関する研修や補助金支援などを行っています。また、2016年7月施行の「中小企業等経営強化法」（概要はp.245参照）では、企業の「経営力向上計画」を認定支援機関が支援を行い、各地の経済産業局で認定をもらい、固定資産税の軽減化や資金繰り支援を図る施策を行いながら、企業や支援機関のレベルアップを図っています。

　このように、事業性評価融資の増加に向けて、金融庁も経済産業省もまた中小企業庁も具体的な支援策を講じ、金融機関の連携の相手である企業や支援機関も、事業性評価や金融機関の融資業務に対する知識の吸収に本腰を入れています。

　本書は、事業性評価に関して、あらゆる角度から金融機関の課題を明らかにし、その融資増加対策である税理士・認定支援機関との連携について、詳しく述べてきました。今後、事業性評価融資が順調に増加し、中小企業と地域の発展に貢献できることを期待しています。

中村　中

〈著者プロフィール〉

**中村　中**（なかむら　なか）
資金調達コンサルタント・中小企業診断士
1950年生まれ。
三菱銀行(現三菱東京UFJ銀行)入社後、本部融資部・営業本部・支店部、岩本町・東長崎各支店長、福岡副支店長等を歴任、関連会社取締役。
2001年、㈱ファインビット設立。同社代表取締役社長。週刊「東洋経済」の選んだ「著名コンサルタント15人」の1人。中小企業金融に関する講演多数。
橋本総業㈱監査役、一般社団法人資金調達支援センター副理事長、㈱マネジメントパートナーズ顧問
著書『金融機関・会計事務所のためのSWOT分析徹底活用法―事業性評価・経営改善計画への第一歩』(ビジネス教育出版社)、『中小企業再生への経営改善計画』『中小企業再生への改善計画・銀行交渉術』『中小企業再生への認定支援機関の活動マニュアル』『中小企業再生への金融機関本部との連携・交渉術』(ぎょうせい)、『中小企業経営者のための銀行交渉術』『中小企業経営者のための格付けアップ作戦』『中小企業金融円滑化法対応新資金調達術』『経営改善計画の合意と実践の第一歩「バンクミーティング」事例集』など(TKC出版)、『融資円滑説明術』など(銀行研修社)、『信用を落とさずに返済猶予を勝ち取る法』など(ダイヤモンド社)、『銀行交渉のための「リレバン」の理解』など(中央経済社)、『中小企業融資支援のためのコンサルティングのすべて』(金融ブックス)他

---

## 事業性評価融資 ―最強の貸出増強策

2016年 9月15日　初版第1刷発行
2016年12月15日　初版第2刷発行

　　著　者　中村　中
　　発行者　酒井　敬男
　　発行所　株式会社 ビジネス教育出版社

〒102-0074　東京都千代田区九段南4-7-13
TEL 03(3221)5361(代表)／FAX 03(3222)7878
E-mail▶info@bks.co.jp　URL▶http://www.bks.co.jp

---

印刷・製本／シナノ印刷㈱　装丁・本文デザイン・DTP／㈲エルグ
落丁・乱丁はお取り替えします。

ISBN978-4-8283-0627-8　C2034

> 本書のコピー、スキャン、デジタル化等の無断複写は、著作権法上での例外を除き禁じられています。購入者以外の第三者による本書のいかなる電子複製も一切認められておりません。